GartenLust und BlumenKunst

GartenL
Blu

Das große Buch von

Claudia Wörner und Martin Weimar

ust und
menKunst

reativen Gestalten mit Pflanzen

Illustration und Buchgestaltung:
Andreas Armin Dorfey
Graphische Umsetzung:
Rosy Rosen

Kunst- und Lustgärtnerei®

INHALT

7 Vorwort

8 Einführung

10 **Kresse, Sprossen, Futtersaaten**
Aussaatexperimente mit Kresse
und Sprossen - ein keimendes Samenbild
- Naturstudien beim Feldversuch

32 **Blümchen**
Einjährige Sommerblumen als
Landschaften mit
Farblasur - die blühende Schreibmaschine
- ein Schiff voll blauer Blumen

54 **Blumenschmuck**
Balkon und Terrasse im Farbenrausch
- Pflanzgefäße selbst
bemalen - sommerlange Blütenpracht

78 **Nachtfalterblumen**
Köstliche Blütendüfte am
Abend - geheimnisvoll glimmende
Pflanzenportraits -
ein Duftrad für die Sommernacht

100
Salix - Die Weide
Wachsendes Flechtwerk aus Weidenruten - der Hase im Graspelz - ein Indianertipi für Kinder

126
Klettermäxchen
Das Alphabet der einjährigen Kletterpflanzen - Winden überwuchern die Gartenbank - Bohnen auf Sessel und Ausgehhut

150
Gras - Grün
Grasbewuchs als Pelzbesatz - Grüne Kleider voll wüchsigem Chic - Ein Buch mit sprießenden Lettern

172
Kellerkinder
Wunderpflanzen mit Vorratskammer - Blüten ohne Erde und Wasser - ein Korb voll Narzissen - tütenweise Herbstzeitlose

194
Gartenlust und Blumenkunst
Gärten der Phantasie - der Tulpenteppich - ein Koffer voll Nelken - Blütenkelche - Hyazinthen mit Hut

220 Pflanzenwissen in Tabellen

234 Register der lateinischen Pflanzennamen

236 Register der deutschen Pflanzennamen

238 Informationen/Impressum

240 Die Autoren

Vorwort

Professor Dr. Jürke Grau
Direktor Botanischer Garten
München

Titel und Inhalt verbinden zwei Begriffe, die schon immer zentrales Thema unserer Kunstlandschaften, den Gärten waren. Allzuoft allerdings ist eine, oder sind sogar beide Komponenten verlorengegangen. Kunstlose Gärten, wer kennt sie nicht aus unseren uniformierten Vorgärten? Und empfinden wir in jeder unserer Anlagen Lust, können wir sie genießen? Um so mehr begrüße ich, daß diese beiden essentiellen Bestandteile unserer Gartenkultur, die Fähigkeit mehr daraus zu machen als die einzelnen Elemente für sich liefern können und die mit der Anlage verbundene Lust, hier ganz bewußt wieder in das Zentrum der Betrachtung gestellt werden. Der Botanische Garten München, der sich auch schon erfolgreich der phantasievollen Imagination der Kunst- und Lustgärtnerei bedient hat, begrüßt diese Besinnung auf die zentralen und alten Tugenden der Gartenkultur. Ich sehe darin einen wichtigen Schritt in die richtige Richtung! Ich wünsche mir daher, daß die hier dargestellte Kunst in weiten Kreisen Lust bereiten möge.

Einführung

Ist es Kunst, Dekoration oder einfach Gemüse?

Die Beziehung zwischen Mensch und Pflanze ist eng. Ob bewußt oder unbewußt, emotional oder rational, in welcher Weise dies wahrgenommen wird, hängt von der individuellen Prägung jedes Einzelnen ab: von seiner kulturellen und gesellschaftlichen Zugehörigkeit, seiner Erziehung und Bildung, seinen Neigungen, Fähigkeiten und Bedürfnissen. In logischer Konsequenz folgt aus dieser Tatsache die Antwort auf die oben aufgeworfene Frage. Vom persönlichen Standpunkt hängt es ab, ob Pflanzen als solches und das aus ihnen oder im Verein mit ihnen Geschaffene, als Kunst, Dekoration oder schlicht als Gemüse betrachtet werden. Pflanzen bilden die unabdingbare Basis unserer Existenz, sie liefern den Sauerstoff für die Atmung, sind Nahrung, Baustoff oder Kleidung. Was über diese existentiellen Funktionen hinaus oft vergessen wird: Pflanzen sprechen die menschlichen Sinne an. Salat, Tomate oder Kartoffel sättigen nicht nur. Der Mensch ist in der Lage sie zu schmecken und dabei Genuß zu empfinden. Für die Wahrnehmung einer Blume mittels unseres Gesichts- oder Geruchssinnes gilt dasselbe. Das ästhetische Empfinden des Menschen ist maßgeblich von der Erscheinung der Vegetation, den Harmonien und Proportionen ihrer Farben, Düfte und Formen, geprägt. Wer mit Pflanzen gestaltet, wird facettenreich auf diesen Ursprung zurückgeführt, seine Sinne und sein Blick für das Schöne geschärft. Die Pflanze als dekoratives und repräsentatives Element oder als künstlerisches und therapeutisches Medium, in den Händen des Gestalters nimmt sie die unterschiedlichsten Positionen ein. Von seiner Intention hängt es ab, in welcher Sprache die Pflanze zum Betrachter spricht. Dabei gibt es keinerlei Wertigkeiten. Im Gegenteil: das Ausloten der Grenzen birgt die Spannung. Verbunden mit gärtnerisch-künstlerischer Neugier, ist sie die Triebfeder. Viele der daraus resultierenden Ergebnisse sind im folgenden Seite für

Seite dokumentiert. Nur durch ein Umblättern voneinander getrennt, stehen Pflanzenstücke mit künstlerischen Inhalten neben solchen, deren Wirkung auf eine prachtvolle Dekoration von Balkon oder Terrasse abzielt. Eine Doppelseite weiter gibt es Blumenschmuck step by step zum Selbermachen und als Hintergrundinformation folgt botanisch und gärtnerisch Wissenswertes. Egal welche Ebene gewählt wird, Ausgangspunkt bleibt immer die Pflanze. Damit ergibt sich die organische Gesamtstruktur des Buches. Es gliedert sich in neun Kapitel, die alle eine subjektiv zusammengestellte Pflanzengruppe zum Inhalt haben. Deren Charakteristika sind die Basis der im jeweiligen Kapitel ausgeführten gestalterischen Ansätze. Sie beziehen die pflanzlichen Wachstumsprozesse immer mit ein. Denn der ästhetische Genuß, den Pflanzen zu bieten haben, basiert im wesentlichen auf ihrer beständigen Veränderung: Schönheit und Harmonie siedeln im Grenzbereich zwischen Werden und Vergehen. Um in ihren Genuß zu gelangen, müssen die grundlegenden pflanzlichen Lebensbedürfnisse erfüllt sein, die Ansprüche an Wasser, Erde oder Licht befriedigt werden. Im Anhang sind deshalb alle Pflanzen der umfangreichsten Kapitel übersichtlich tabellarisch aufgelistet, gemeinsam mit ihren Ansprüchen und Informationen zur Anzucht und Kultur. Einzuordnen sind sie bei den Balkon-, Garten- und Wildpflanzen. Alte Bekannte sind darunter, aber auch eine ganze Reihe von Raritäten, die seit Jahren im Sortiment der Kunst- und Lustgärtnerei geführt werden. Gartenlust und Blumenkunst, als Titel dieses Buches steht die Wortkombination für eine, von spielerischer Neugier getriebene Beschäftigung mit Pflanzen. Sie verschafft tiefe Befriedigung und macht Spaß. Auf diese Weise ist es ein Leichtes, etwas über botanische oder kulturelle Zusammenhänge und gestalterische Vorgehensweisen zu erfahren, - hin und wieder mit einem Augenzwinkern!

◁◁ Abb. Seite 10/11
Das Festessen
an einer überwachsenen,
feierlich eingedeckten Tafel,
war der Abschluß eines Seminars mit
Studenten der Kunstakademie Helsinki
(→ Seite 16/17).

Kresseigel
Zum Einsäen mit Gartenkresse gibt es Tierfiguren aus Ton zu kaufen (→ Bezugsquellen). Neben der Aussicht auf selbstgezogenes, schmackhaftes Grün, bieten sie die Möglichkeit der spielerischen Vermittlung von Wachstumsprozessen.

Kresse, Sprossen, Futterpflanzen

Alles beginnt mit einem Samenkorn. Regungslos verharrt es so lange, bis es unter dem Einfluß von Feuchtigkeit, Wärme und Sauerstoff zum Leben erwacht. Die detaillierte Kenntnis des Pflanzenlebens schafft die solide Basis der Zusammenarbeit von Mensch und Pflanze, sie weitet den Blick für ökologische Zusammenhänge, aus ihr erwachsen Respekt und Verantwortung. Von weitaus größerer Bedeutung für die gestalterische Arbeit ist ein anderer Aspekt: Die Beschäftigung mit Pflanzen schärft den Sinn für Schönheit und Harmonie. Das Leben der Pflanzen ist zielgerichtet, es dient der Arterhaltung. Quasi als Nebenprodukt entsteht die schöne Pflanzengestalt. Ob unbewußt wahrgenommen oder bewußt reflektiert, das Ebenmaß ihrer Farben, Formen und Proportionen ist prägend für das ästhetische Empfinden des Menschen.

Pflanzenwachstum vermitteln

Dies setzt idealerweise beim Einfachen an. Ein Schälchen mit Kresse zeigt das Keimen und Wachsen. Phantasievoll aufbereitet wird die Schulung der Sinne zum lustvollen Kinderspiel (→ Abb. links und unten). Es wird gesteigert durch die Aussicht auf den genüßlichen Verzehr der selbstgezogenen Pflanzen. Will man Wachstumsprozesse ohne technischen Aufwand für das bloße Auge sichtbar machen, kommt es auf die Auswahl der Pflanzen an. Mit rasch keimenden Sämereien gelingen Aussaatexperimente am besten. Neben den Samen der Gartenkresse (→ Seite 14/15) gehören dazu jene, die bei der Zubereitung von Speisen als gekeimte Sprossen Verwendung finden. Bei der Ausführung des wachsenden Speisetisches stehen sie im Mittelpunkt des Geschehens (→ Seite 16/17). Die in Land- und Forstwirtschaft angebauten Futterpflanzen und ähnlich genutzte Arten haben, neben ihrer Raschwüchsigkeit und Anspruchslosigkeit, reizvolle malerische Qualitäten. Bei der Ausführung von keimenden Samenbildern (→ Seite 18/19) und ausgedehnten Feldversuchen (→ Seite 24 bis 29) werden sie ausgelotet.

Kressevase
Ihre Anfertigung empfiehlt das Illustrierte Gartenbau-Lexikon in seiner zweiten Auflage aus dem Jahr 1890 (→ Seite 14).

Die Gartenkresse

Kressekatze und Kressefrosch
Ihr Rumpf ist unglasiert und mit einer Wasserzisterne ausgestattet.

Die quellenden Samen sind von Schleim umgeben. Erst treiben die Wurzeln, dann Stengel und Blätter.

Ein dichter Kressepelz bedeckt nach wenigen Tagen den Katzenbauch. Jetzt brauchen die Pflanzen Licht.

Die Keimlinge der Gartenkresse *Lepidium sativum* sind bekannt für ihren leicht scharfen Geschmack und ihren Gehalt an belebenden ätherischen Senfölen. Salaten, Eier- und Quarkspeisen verleihen sie ein pikantes Aroma. Die Ernte beginnt wenige Tage nach der Aussaat, denn innerhalb kürzester Zeit entspringen dem Samenkorn Wurzeln, Stengel und Blätter. Von Großgärtnereien in handlichen Schalen gezogen, gelangt die Gartenkresse vor allem im Winterhalbjahr in den Handel und auf den Tisch. Die spannendere Möglichkeit an die schmackhaften Blättchen zu kommen besteht darin, sie sich selbst zu ziehen. Neben der Aussicht auf garantiert frische Keimlinge lockt das Erlebnis, der Entwicklung der Pflanzen aus nächster Nähe zusehen zu können. Kindern wird das Pflanzenwachstum dabei leicht begreiflich. Die unkomplizierte Natur der Kresse erlaubt das Beschreiten unkonventioneller Wege bei der pädagogischen Aufbereitung botanischer Zusammenhänge.

Kressefiguren

Im Samen sind alle Nährstoffe gespeichert, die der Keimling zu seiner Entwicklung benötigt. Unter dem Einfluß von Feuchtigkeit quellen sie auf, lösen sich und stehen der Pflanze zur Verfügung. Jedes beliebige saugfähige Medium ist folglich zur Aufbringung des Samens geeignet, Erde nicht zwingend nötig. Was als Aussaatunterlage verwendet wird, bleibt ganz der Phantasie überlassen: Kresse keimt auf allem, was einerseits das Wasser speichert und dosiert abgibt, andererseits aber ein anhaltendes Tauchbad der Samen verhindert. Ton, der bei niedriger Temperatur gebrannt ist, erfüllt diese Bedingungen: Keramikfiguren zum Besäen mit Gartenkresse gibt es zu kaufen (→ Bezugsquellen). Ihr Rumpf ist unglasiert und mit waagerecht verlaufenden Rillen, zum Festhalten der Samenkörner, versehen (→ Abb. links oben und Seite 12). Im Inneren bauchiger Tierfiguren verbirgt sich eine Zisterne. Die poröse Wand saugt das eingefüllte Wasser auf und leitet es gleichmäßig nach außen an die Samen.

Eine Kressevase

Gegenständliche oder abstrakte Tonskulpturen zum Einsäen mit Kresse sind ein lohnender Inhalt des Werkunterrichts. Das irdene Material ist einfach in der Handhabung und steht Pflanzen sehr nahe. Eine ähnliche Empfehlung nennt das Illustrierte Gartenbau-Lexikon aus dem Jahr 1890 unter dem Stichwort Gartenkresse. Der Verfasser empfiehlt die Anfertigung einer dekorativen Vase aus porösem Ton (→ Abb. Seite 13). Zum Fixieren des Samens an der steilen Gefäßwand erhält sie einen Überzug aus dickwolligem Flanell. Nach der Einsaat wird sie mit Wasser gefüllt.

Optimale Bedingungen

Wärme und Sauerstoff sind neben Wasser die wichtigsten Faktoren, um Samenkörner zur Keimung zu bewegen. Licht begünstigt den Prozeß nur in Ausnahmefällen. Es wird erst lebensnotwendig, wenn sich die ersten Blätter entfalten. Bei der Gartenkresse ist dies nach drei Tagen der Fall. Während Feuchtigkeit die Samenschale quellen läßt und Nährstoffe löst, ist Wärme der Auslöser der Wachstumsvorgänge. Sie aktiviert den im Samenkorn auf ein Minimum reduzierten pflanzlichen Stoffwechsel und setzt die Atmung in Gang. Keimende Sämereien haben ein hohes Sauerstoffbedürfnis. Unter Luftabschluß, zum Beispiel bei Staunässe, ersticken sie. Allerdings besteht bei optimaler Luftzufuhr und Zimmertemperatur die Gefahr, daß die keimenden Samen vertrocknen. Durch Erhöhen der Luftfeuchtigkeit baut man vor: übergestülpte Folie oder wiederholtes Befeuchten der Samen mit einem Wassersprüher schaffen ein wachstumsförderndes Kleinklima.

Der Frosch wird gewässert und die Zisterne aufgefüllt. Die Samen streut man mit trockenen Händen.
Sie haften besser an der Figur, wenn man sie während des Streuens mit Wasser besprüht.

Aussaatexperimente - Ein wachsender Speisetisch

Bei der Einsaat konzentrierte man sich auf die Samen. Jeder gestaltete seinen Tischbereich.

Die Samenkörner waren unterschiedlich groß und schwer. Jede Pflanzenart verlangte eine eigene Streubewegung der Hand.

Aussaatexperimente schärfen das Bewußtsein für die Wechselbeziehung zwischen Mensch und Pflanze. Zur Vermittlung von Wachstumsprozessen lassen sie sich beliebig variieren. Mit den Teilnehmern eines Seminars an der Kunstakademie der finnischen Hauptstadt Helsinki wurde ein wachsender Speisetisch realisiert (→ Abb. links, rechts und Seite 10/11). Im Mittelpunkt standen die Samen von Getreiden, Kräutern und Gemüsen. Als gekeimte Sprossen finden sie bei der Zubereitung von Speisen Verwendung. Sie keimen innerhalb weniger Tage und unter denselben Bedingungen wie die Samen der Kresse (→ Seite 14).

Die Pflanzenauswahl

Das Angebot von Samenhandlungen, Naturkostläden und Reformhäusern wurde durchgesehen und die Auswahl festgelegt. Aus der Familie der Grasgewächse gelangten die Getreide Weizen, Dinkel und Hafer zur Aussaat, aus der Familie der Kreuzblütler Radieschen, Rettich und Senf (→ Abb. Seite 20). Hinzu kamen die Kerne von Sonnenblume (→ Abb. Seite 20) und Kürbis sowie eine Reihe von Hülsenfrüchten, wie Kichererbsen und Linsen. Diese wurden vor der Aussaat je nach Art zwischen zehn und zwölf Stunden in Wasser eingeweicht.

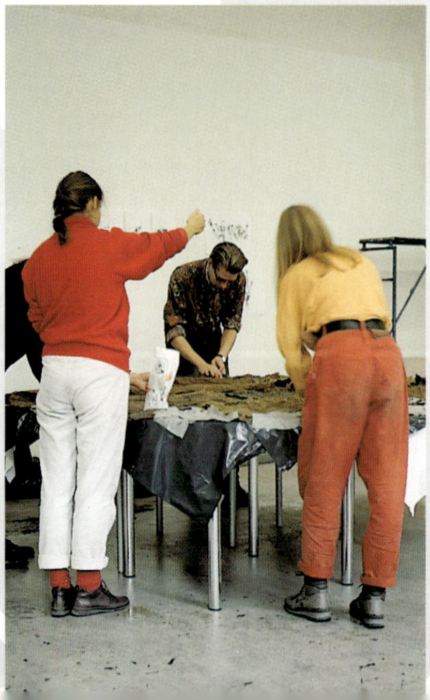

Der Tisch

Für die Tafel mußte ein Unterbau gefunden werden, der allen beteiligten Personen ausreichend Platz bot, denn zum Seminarabschluß war ein gemeinsames Abendessen am bewachsenen Eßtisch geplant. Die Studenten entschieden sich für eine, auf mehreren Zeichentischen ruhende, stabile Holzplatte mit einem Durchmesser von drei Metern. Zum Schutz vor Feuchtigkeit wurde die Oberfläche mit Kunststoff-Folie abgedeckt. Darüber ausgebreitete durchnässte Jutesäcke und Papierhandtüchter dienten den jungen Pflanzen als Feuchtigkeitsspender (→ Abb. rechts).

Einsäen und pflegen

Bei der Einsaat übernahm jeder der Seminarteilnehmer einen Tischbereich. Die Samenkörner sollten locker aufgestreut, Anhäufungen oder große Abstände vermieden werden (→ Abb. links). Um das gesunde Wachstum der Pflanzen sicherzustellen, mußten die Studenten das Wässern und Lüften des mit Kunststoff-Folie abgedeckten Speisetisches während der folgenden Tage zuverlässig koordinieren.

Pflanzen essen

Nach etwa fünf Tagen entfalteten sich die ersten Blättchen. Die Folienabdeckung wurde entfernt und der Tisch so weit wie möglich ans Fenster gerückt. Mit der Vorbereitung des abschließenden Festessens konnte begonnen werden. In konsequenter Fortsetzung des Seminarthemas sollte das Menü ausschließlich aus pflanzlichen Rohstoffen zubereitet sein. Die Tafel wurde festlich eingedeckt, mit Kerzen bestückt und mit eßbaren Blüten und Beeren bestreut (→ Abb. rechts unten und Seite 10/11). Während des Essens gab die festgelegte Menüfolge vor, was verzehrt wurde: die servierte Speise vom Teller, oder direkt vom Tisch eine Auswahl an frischen Keimlingen oder Beeren.

Mit eingeweichten Hülsenfrüchten werden die Lücken zwischen den bereits gekeimten Samen nachträglich geschlossen.

Pflanzen sind die Grundlage menschlicher Existenz. Diese Tatsache machte der bewachsene Speisetisch und das abschließend zelebrierte Pflanzenessen den Studenten deutlich.

Sommeratelier in der Kunst- und Lustgärtnerei

In den Blütenfarben der vorgesehenen Pflanzen werden die Flächen bemalt.

Die Samenkörner werden flächendeckend auf die Muster gestreut.

Die erdfarbenen Samenschalen verwandeln die kräftige Farbigkeit der Bemalung.

Auf dem Programm stehen ornamentale Samenbilder, sie werden mittels Wasser zum Leben erweckt (→ Abb. Seite 22/23). Nach und nach tritt ihre kunstgewerbliche Ästhetik zurück. Das durch Besprengen in Gang gesetzte Pflanzenleben hat eigene Vorstellungen von Schönheit: Es übernimmt die Regie. Zusehends quellen die still in sich ruhenden Samenflächen auf. In der Art eines Chamaeleons wechselt die zur hügeligen Landschaft angeschwollene Pflanzenmasse ihre Farbe. Die strenge Geometrie läuft aus dem Ruder, die exakt gezogenen Linien werden vom rasanten Wachstum der Blätter verwischt. Den gewohnten menschlichen Vorstellungen vom Ordnen und Formgeben stehen die gestaltbildenden Prinzipien der Pflanze gegenüber. Sie sind das Resultat der in ihr wirkenden Kräfte. Denselben Gesetzen folgt das von Menschenhand gestaltete Bild. In ihm spiegelt sich die Persönlichkeit des Gestalters. Es ist die logische Konsequenz jener Prozesse, die seinen Organismus am Leben erhalten.

Die Natur der Schönheit

Beim Gestalten mit Pflanzen ist der ästhetische Genuß in jenen Momenten am größten, in denen das Tauziehen zwischen Mensch und Pflanze noch nicht entschieden ist: die von Menschenhand geschaffene Form drängt auf dauerhafte Stabilität, das fortschreitende pflanzliche Wachstum zielt auf dynamische Veränderung. Die Schönheit siedelt im Grenzbereich. Sie schwindet, wenn einer der beiden Partner die Oberhand gewinnt. Statik und Dynamik, Werden und Vergehen, auf dem schmalen Grat zwischen diesen beiden Polen ist die Schönheit der Pflanzengestalt von Natur aus zu Hause. In der Praxis bedeutet dies folgendes: Jede Gestaltung, die das fortschreitende Pflanzenwachstum einbezieht, bedarf der ständigen Beobachtung und der feinfühlig getroffenen Entscheidung für oder gegen den Eingriff. Das menschliche Handeln ist so lange von "Tun und Lassen" bestimmt, bis der Wachstumsprozeß, zum Beispiel durch Wasserentzug, beendet wird und das Werk in einen statischen Zustand übergeht (→ Abb. Seite 28 Mitte und unten).

Wachsende Bilder

Ausgangspunkt sind die Samen von Wildkräutern und Pflanzen, die der Öl- und Fasergewinnung dienen. Hinzu kommen jene, die für Futterzwecke oder zur Verbesserung des Bodens kultiviert werden (→ Seite 20/21). In großen Flächen von der Land- oder Forstwirtschaft angebaut, prägen sie das Landschaftsbild der gemäßigten Klimazonen. Was sie besonders auszeichnet ist die intensive Leuchtkraft ihrer Blüten. Klatschmohn (→ Abb. Seite 25), Sonnenblumen (→ Abb. Seite 24) oder Lein zum Beispiel, färben weite Flächen strahlend rot, gelb oder blau.

Von Blütenfarben inspiriert

Auf einem Stück Nessel werden mit Wachsmalkreiden oder anderen wasserfesten Stiften großflächige Ornamente entworfen. Entsprechend der Blütenfarbe der Pflanze, deren Samen später die Fläche bedecken soll, wird das Muster koloriert (→ Abb. links oben). Im Falle des Samenbildes dient die Färbung der Blüten ausschließlich zur Inspiration des Gestalters. Erst beim Feldversuch wachsen die Pflanzen weiter und blühen tatsächlich. Um die Wasserversorgung der Keimlinge sicherzustellen, erhält der Nessel eine Unterlage aus saugfähigem Vlies. Mit Nadel und Faden näht man beides zusammen. Auf einem Beet des Gewächshauses oder des Gartens wird das Bild ausgebreitet, durchnäßt und mit den verschiedenen, für die einzelnen Muster vorgesehenen Samen bestreut (→ Abb. links und rechts). Ein Wassersprüher oder die feine Brause an einer Gießkanne verhindern, daß Samen beim Befeuchten weggeschwemmt werden; eine mit Abstand über dem Bild ausgebreitete Folie unterbindet das Austrocknen der Saat. Die Folie wird abgenommen, wenn sich die ersten Blättchen entfalten.

Das Wachstum beenden

Haben sich alle Keimlinge entwickelt (→ Abb. Seite 22), wird das Wachstum durch Wasserentzug bewußt unterbrochen. Die Pflanzen trocknen ein. Die Dynamik der wachsenden Ornamentik geht langsam in einen statischen Zustand über. Das Bild erstarrt.

Abgefüllt in ein Gefäss lassen sich die Körner besser auf kleine Flächen streuen.

Nessel und Vlies werden vor der Einsaat durchdringend gewässert. Die Samen streut man mit trockenen Fingern; an nassen Händen bleiben die Körner kleben.

Die Farbpalette der Samen und Blüten

Für die Aussaatversuche dieses Kapitels braucht es anspruchslose Pflanzen, die sich rasch entwickeln, und deren Samen in größeren Mengen preiswert zu haben sind. Neben Gartenkresse (→ Seite 14/15), Sprossen (→ Seite16/17) und Wildkräutern, erfüllen eine ganze Reihe von land- und forstwirtschaftlich angebauten Kulturpflanzen diese Bedingungen. Ihre Samenschalen bestechen durch vielfältige Nuancen milder Brauntöne (→ Abb. 1 bis 5). Sie fordern die Anfertigung von Samenbildern heraus (→ Abb. rechts und Seite 18). Malerische Qualitäten haben auch die in Blüte stehenden Pflanzen. Aufgrund ihrer großen Blütenzahl ist der farbige Gesamteindruck durchdringend und intensiv. Von besonderer Bedeutung ist die Wirkung der Blüten bei einem Feldversuch (→ Seite 24 bis 29).

Einjährig oder mehrjährig

Aus botanischer Sicht handelt es sich bei den meisten land- oder forstwirtschaftlich genutzten Kulturpflanzen um einjährige Kräuter. Das heißt, in einer Vegetationsperiode wächst die Pflanze aus Samen heran. Innerhalb von acht bis zwölf Wochen gelangt sie zur Blüte. Anschließend bildet sie Früchte und stirbt vollständig ab. Beim Gestalten ist ein absehbares Erfolgserlebnis deshalb auch dann garantiert, wenn die Gestaltungsidee auf der Wirkung der blühenden Pflanze basiert. Die mehrjährigen Gewächse entwickeln sich genauso schnell. Im Herbst sterben sie nicht ab, sondern wachsen über mehrere Jahre weiter.

Handelsnamen

Beziehen kann man das Saatgut in Samenhandlungen oder den Fachabteilungen der Gartencenter. Eine große Auswahl bieten landwirtschaftliche Lagerhäuser oder die Saatgutlieferanten der Agrar- und Forstwirtschaft. Die Rubriken, unter denen die Sämereien in den Katalogen geführt werden, verraten viel über den Zweck ihres Anbaus: Sie firmieren als Futter- und Äsungspflanzen, Bienen- und Fasanenweide, oder Pflanzen zur Öl- und Fasergewinnung sowie zur Bodenverbesserung. Die meisten Gewächse lassen sich nicht klar zuordnen. Aufgrund ihrer vielseitigen Nutzung werden sie in unterschiedlichen Rubriken genannt.

Vertreter der Pflanzenfamilien

Senfkörner (→ Abb. 1) sind die Samen des Kreuzblütlers *Sinapis alba*, Buchweizen (→ Abb. 5) die Frucht eines Knöterichgewächses mit der lateinischen Bezeichnung *Fagopyrum esculentum*. Die Sonnenblume *Helianthus annuus*.(→ Abb. 2) zählt zu den Korbblütlern, während die Samen von Hornklee *Lotus corniculatus* (→ Abb. 4) und dem Bockshornklee *Trigonella foenum-graecum* (→ Abb. 3) die große Familie der Hülsenfrüchtler vertreten. Zur Zusammenstellung einer reichhaltigen Palette an Samen- und Blütenfarben ist im Anhang eine große Pflanzenauswahl übersichtlich aufgelistet (→ Seite 220/221).

1

2

3

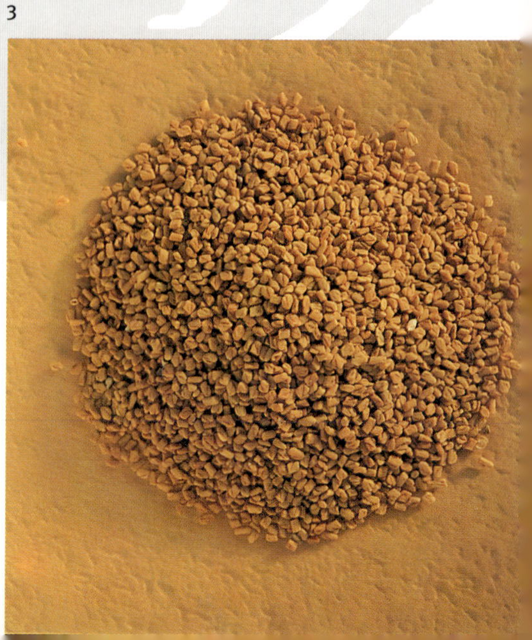

1 Senf
Sinapis alba
Die Blütenfarbe ist hellgelb, die Wuchshöhe liegt um 80 cm.
2 Sonnenblume
Helianthus annuus
Sie blüht goldgelb und wird 200 cm hoch.
3 Bockshornklee
Trigonella foenum-graecum
Die Farbe der Blüten ist gelblichweiß. Er erreicht eine Höhe von etwa 40 cm.
4 Hornklee
Lotus corniculatus
Die Blüten sind goldgelb (→ Abb. Seite 24), die Pflanzen 30 cm hoch.
5 Buchweizen
Fagopyrum esculentum
Die weißen Blüten sind rot unterlaufen.
Er wird 50 cm hoch.

4

5

Sommeratelier im Glashaus
Die aufgereihten „Farbtöpfe“ bieten eine reichhaltige Samenauswahl zur Gestaltung der Samenbilder (→ Seite 18/19).

Keimendes Samenornament
Die Fotodokumentation zeigt die Entwicklungsstadien im Abstand von zwei Tagen: Das Bild ist eingesät (→ Abb. rechts). Wasser setzt die Keimung in Gang (→ Abb. Mitte). Blätter färben die erste Fläche grün (→ Abb. unten). Bis auf eine Ausnahme haben sich alle Pflanzenarten voll entwickelt (→ Abb. links).

FELDVERSUCH MIT SONNENBLUMEN
Das eingesäte Muster ist nur noch undeutlich zu erkennen.

HORNKLEE
Lotus corniculatus
Die Blütenverteilung erinnert an impressionistische Malerei.

KRONWICKE
Coronilla varia
Ihre Blüten verfärben sich mit zunehmendem Alter: anfänglich sind sie weiß, später roséfarben.

Wilde Malve
Malva sylvestris
Die typischen Malvenblüten sind dunkel geädert.

Klee
Trifolium
Die Blütenfärbung der Kleearten umfaßt weiß, rosa, rot und gelb.

Klatschmohn
Papaver rhoeas
Das Glutrot seiner Blüten ist Legende.

Malerischer Feldversuch

Was der bewußte Eingriff bei den Samenbildern (→ Seite 18) aprupt unterbrach, wird im April im Garten, auf einem Feld oder Stück Brachland ungehindert fortgeführt. Ausgesät in Erde entwickeln sich die Pflanzen von selbst weit über das Stadium des Keimlings hinaus. Der Pflanze bleibt nun ausreichend Raum und Zeit, zur Entfaltung ihrer Persönlichkeit.

Ausdruck der Persönlichkeit

Nicht anders ergeht es demjenigen, der das Ausloten der Grenzen zwischen dem eigenen künstlerischen Ausdruckswillen und dem Entfaltungsdrang der Pflanze im Auge hat: Beim Samenbild wurden die Ornamente zaghaft und mit Vorsicht streuend geformt. Dagegen erlaubt die Dimension des Feldes dem Gestalter den weit ausholenden Armschwung. In der großzügigen Geste und der daraus sich ergebenden Lage der zu Boden gefallenen Samenkörner, findet seine Persönlichkeit den entsprechenden Ausdruck. Bedingt durch die wuchsfreudige Natur des gewählten künstlerischen Mediums 'Pflanze', bleibt er nicht statisch und auf die Dauer fixiert: der den Samenkörnern innewohnende Drang zum Wachsen macht ihn dynamisch. Im Spiel der Kräfte wirft der Mensch den Ball. Die Pflanze nimmt ihn auf und trägt in weiter.

Einsetzende Veränderung

Im Aussehen gleicht ein Keimling dem anderen. Einzelne Individuen sind in der Fläche nicht auszumachen. Die optische Wirkung des ergrünenden Ornaments ist monochrom und von fein gegliederter Textur bestimmt (→ Abb. Seite 22/23). Dies ändert sich mit zunehmendem Wachstum. Zur Entfaltung ihrer Gestalt brauchen die Gewächse Platz. Er ist knapp, um ihn wird gekämpft. Einzelindividuen gehen aus der Menge hervor. Sie verwischen das ornamentale Muster, ordnen die Bildelemente auf ihre Art und im Verlauf des Sommers immer wieder neu (→ Abb. links oben).

Licht, Schatten und Farbe

Durch das Längenwachstum der Triebe gewinnt die flächige Wirkung des keimenden Ornaments an Tiefe. Sie wird verstärkt durch Licht und Schatten. Die aufbrechenden Knospen bringen Farbe ins Spiel. Flächendeckend oder in der Art von Klecksen tauchen die kräftigen Blütentöne auf. Abhängig ist dies davon, ob die Samen einzeln und in weiten Abständen verstreut, oder in Mengen breitwürfig ausgebracht werden. Steht die malerische Wirkung des blühenden Feldes im Mittelpunkt des gestalterischen Interesses, ist neben der Kenntnis der Blütenfarben auch jene der Wuchshöhen wichtig. Niedrige Pflanzen ersticken im Dickicht hoher Gewächse, die beabsichtigte Farbwirkung bleibt aus. Hohe Pflanzen zwischen niederen haben keine Probleme. Hornklee (→ Abb. links Mitte), Kronwicke (→ Abb. links unten) und Weißklee (→ Abb. oben Mitte) sind Beispiele für Pflanzen mit Wuchshöhen um 30 cm. Klatschmohn (→ Abb. oben rechts) entfaltet seine roten Blüten in 80 cm Höhe, Sonnenblume und Malve (→ Abb. oben links) ab 150 cm. Einzubeziehen in die Vorüberlegungen ist auch der im Boden latent vorhandene Samen von Wildkräutern.

Für Franziska Strattmann
Pflanzen von
Senf
Sinapsis alba,
Beifuß
Artemisia vulgaris,
Vogelmiere
Stellaria media,
Ampfer *Rumex*,
Brennessel
Urtica dioica,
Weizen
Triticum aestivum,
Bienenfreund
Phacelia congesta,
Esparsette
Onobrychis viciifolia
und anderen;
Ballentuch, Erde.

Galerie der
Künstler,
München 1989

Die Ordnung der Pflanzen

Die runden Fruchtkapseln des Leins *Linum usitatissimum* gliedern die von Wildkräutern beherrschte Vegetationsdecke.

Blühende Senfpflanzen *Sinapsis alba* inmitten von abgestorbenen Stengeln.

Werden und Vergehen Das herbstliche Feld ist gezeichnet von der zyklischen Abfolge der Wachstumsprozesse.

Was ist schön? Sind es die kunstvoll gestalteten Samenbilder (→ Seite 18/19), oder ist es der wuchernde Pflanzenbewuchs des eingesäten Feldes (→ Abb. links)? Die unreflektierte Sehgewohnheit und ein fraglos übernommener Schönheitsbegriff tendieren zum Samenbild. Was vom Menschen unter dem Einsatz seines Könnens gestaltet wurde, gilt als schön. Zumal, wenn die zueinander gestellten Formen übersichtlich geordnet sind und in ihrer Gesamtheit eine gegenständliche oder figürliche Darstellung ergeben. Anders die Vegetation des Feldes, hier wirken viele Ordnungsprinzipien ineinandergreifend zusammen. Das ursprünglich eingesäte Muster wurde von den Pflanzen aufgelöst. Viele Blicke sind nötig, um die hier herrschende Ordnung wahrzunehmen.

Phototropismus und Geotropismus

Sonnenlicht ist für Pflanzen lebenswichtig. Sproß und Blätter wachsen deshalb stets phototropisch, in Richtung der Sonne. Wurzeln sprechen auf die Schwerkraft an: Geotropisch orientiert, entwickeln sie sich in deren Richtung. Neben jenen Kräften einer Pflanze, deren Wirkung ihre artspezifische Gestalt zur Folge hat, sind diese Wachstumsgesetze prägend für das Erscheinungsbild der gesamten Vegetation.

Das Klima

Regen, Schnee und Wind nehmen Einfluß auf die Pflanzengestalt. Gemäß der Logik der wesenseigenen Wirkungsweise des Elements, vollzieht sich der Angriff. Wie lange trotzt ihm die Pflanze, wann beugt sich der Sproß und wann knickt er? Nichts ist vom Zufall bestimmt. Im selben Winkel und in die gleiche Richtung neigen sich die Stiele der Sonnenblumen im anhaltenden Sturm. Alle Pflanzen nehmen dieselbe Gestalt von Windflüchtern an (→ Abb. rechts). Das Kräftemessen zwischen Witterung und Pflanze ist ein Duell mit festgelegten Regeln.

Die Zeit

Während Pflanzen wachsen, schreitet die Zeit kontinuierlich fort. Sie wird von den zyklisch ablaufenden Wachstumsprozessen systematisch gegliedert. Artgemäß folgt die Entwicklung von Sproß, Wurzel, Blüte und Frucht in einer genau festgelegten Reihenfolge aufeinander. Jedes Organ steht für die Phase seiner Entwicklung. Im Kontrast ist dies am deutlichsten zu sehen (→ Abb. Seite 26/27): Abgestorbene Triebe stehen für einen länger zurückliegenden Zeitabschnitt, dunkles ausgereiftes Blattwerk für die jüngste Vergangenheit, zartgrüne Triebe deuten auf die Gegenwart.

Die Ordnung erkennen

Im Dickicht der Vegetation ist es für ungeübte Augen schwer, die Ordnungsprinzipien auszumachen. Leichter ist es, wenn man einzelne Pflanzenteile aus dem Zusammenhang des Feldes löst und für sich betrachtet. Dazu müssen Pflanzen nicht zwingend abgeschnitten und körperlich aus ihrer Umgebung entfernt werden. Zeichnen vor Ort ist eine Möglichkeit; das Herausschälen von Details mit dem Medium der Fotografie eine andere. Alles Unwichtige wird ausgeblendet, der Blick konzentriert sich auf das Wesentliche (→ Abb. links). Bei der Dokumentation von Entwicklungsstadien ist die Kamera ebenso hilfreich (→ Abb. Seite 22/23). Das körperliche Herauslösen eines Feldausschnitts wurde im Zusammenhang einer Galerieausstellung zum künstlerischen Stilmittel erhoben (→ Abb. Seite 26/27). Die Vegetation blieb unverändert, allein die fremde Umgebung und deren architektonischer Charakter stellte die Ästhetik der Pflanzen besonders heraus. Dem wachsenden Morgenrock (→ Abb. Seite 30) liegen die ähnlichen Gestaltungskriterien zugrunde. Durch das Kippen der gewohnten Wuchsposition werden sie verstärkt: Die Pflanzen wachsen nicht waagerecht stehend, sondern in der Senkrechten.

Sonnenblumen *Helianthus annuus*
Die Langzeitbelichtung dokumentiert den ähnlichen Neigungswinkel ihrer Stiele im Wind.

Roggen und Weisser Gänsefuss *Secale cereale* und *Chenopodium album* zeigen ihre braunen und rötlich gefärbten Stiele. Sie sind von Wind und Wetter geprägt.

Morgenrock
Kerne der
Feuerbohne
*Phaseolus
coccineus*;
Morgenrock,
Wasser.
Kuvataide-
akatemia,
Helsinki 1992

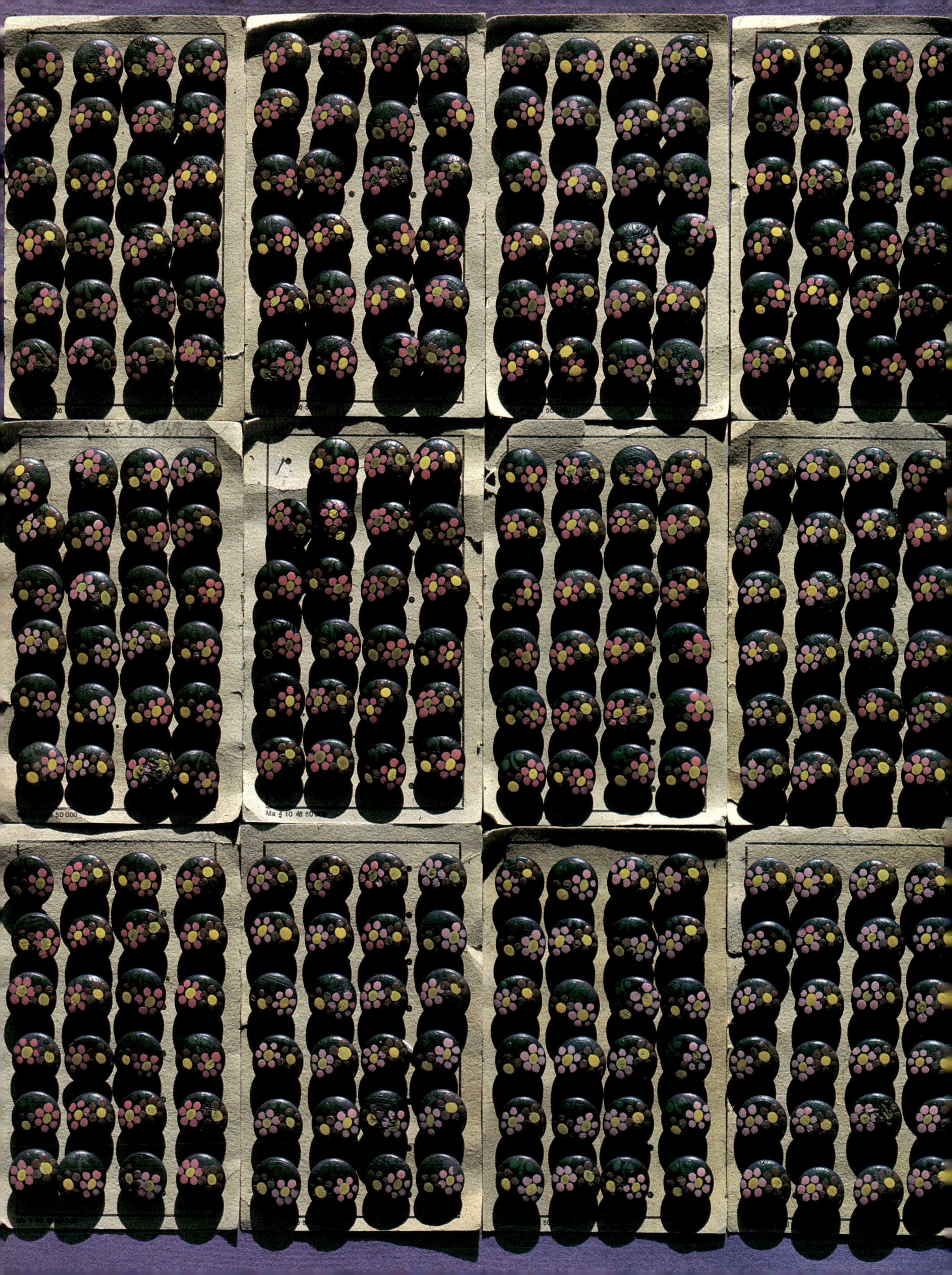

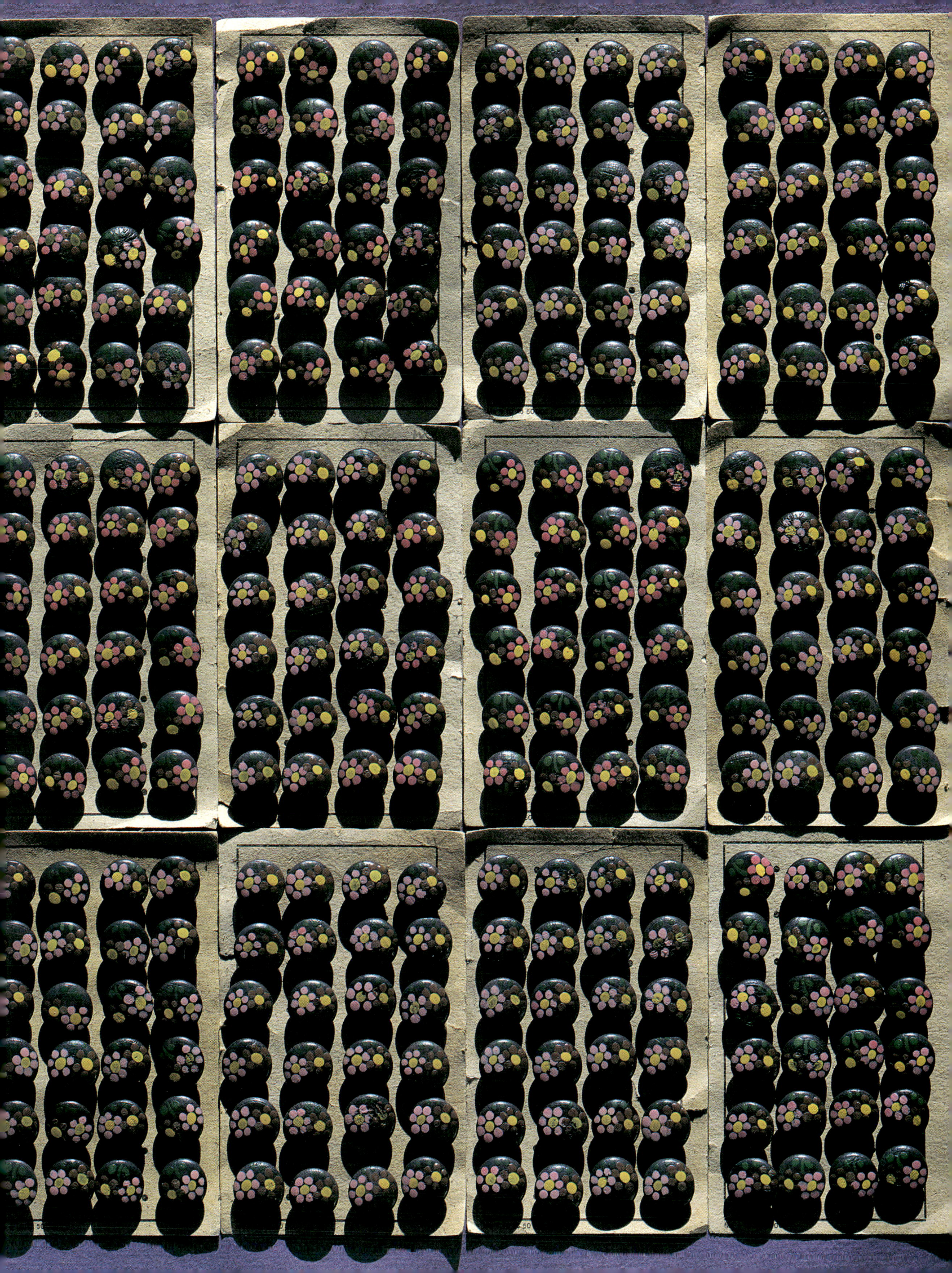

Blümchen

◁◁ Abb. Seite 32/33
Blumengärtnerei Bernschneider
Böhmische Holzknöpfe, Karton.
Kunst- und Lustgärtnerei, München 1994

Liebeshainblümchen
Nemophila menziesii 'Baby Blue Eyes'

Liebeshainblümchen
Nemophila maculata 'Five Spot'

Sie sind der Inbegriff poetischer Blumenromantik: kleine Blüten wie von der Wiese, - wie von Kindern gepflückt; wie Veilchen und Tausendschön oder wie unzählige Stoff-, Tapeten-, oder Geschenkpapiermuster. Wenn von ihnen die Rede ist, schwingt stets etwas von biedermeierlichem Kleinbürgertum mit. Spitzwegs Blumenpöttchen auf der Fensterbank sind nicht weit. Aus einer ausgedienten Gärtnersteige quellen zart bewimperte Knopfaugen, - Liebeshainblümchen (→ Abb. rechts und Seite 44). Ihr Name steht vertretend für den Elfenspiegel und Sonnenfreund, das Schlafmützchen und Sumpfblümchen. Die klingenden Namen sind Programm dessen, was die Pflanzen hier zueinander führt. Ihr munterer Charakter regt an: Zum heiteren Umgang mit Sommerblumen, zum bunten Treiben mit dem Inhalt der Samentüten (→ Seite 38/39).

Hokuspokus!

Hinzu kommt die Faszination des Augenblicks. Hokuspokus! Plötzlich, wie aus dem Nichts hervorgezaubert, erscheinen sie auf der Bildfläche. Keimen in Fugen und Ritzen, - um dann, nach der atemberaubenden Vorstellung ihrer Knospen und Blüten, genauso überraschend schnell zu verschwinden, wie sie gekommen sind. Diese Spontaneität ist bei den einjährigen, vorwiegend aus Südafrika (→ Seite 44/45) oder dem südlichen Nordamerika stammenden Sommerblumen besonders ausgeprägt.

Blumenschmuck und Pflanzenstück

Pflanzen geben durch ihre Gestalt und ihre individuelle Wuchsform Auskunft über ihren heimatlichen Standort. Dieses Wissen kann gestalterisch sehr vielfältig genutzt werden. Zum einen bei der Schmuckbepflanzung von Gefäßen (→ Seite 48/49). Und zum anderen bei der Realisierung imaginärer Landschaften in Form phantasievoller Pflanzenstücke (→ Seite 40/41). Im Verein mit ihren in der Sommerluft flimmernden Blüten, schafft die flächige Wuchsform der Pflanzen den malerischen Eindruck impressionistischer Gemälde. Die zarten Blüten legen eine lasierende Farbschicht über das Blattgrün und färben die Luft.

Blütenknöpfe
aus dem südlichen
Nordamerika ausgesät
in eine Gärtnersteige
(→ Abb. oben):
Nemophila menziesii
'Penny Black'
(dunkelrot) und
Nemophila menziesii
var. atomaria
'Snowstorm' (weiß).
Am Griff: Knöpfe
aus Böhmen
(→ Abb. rechts).

Blumen - Töpfe
Pflanzen von
Phacelia campanularia 'Tropical Surf'
Glockenphacelie,
Phacelia parryi 'Royal Admiral';
Töpfe aus
Papiermasse, Erde.
Kunst- und
Lustgärtnerei,
München 1994

Kunterbunte Samentütenblütenwunder

Im Herbst stapeln sich die Samentüten in den Regalen. Im Angebot sind naturbelassene Wildformen, wie das Sumpfblümchen (→ Abb. 6), sowie viele aus Züchtungen hervorgegangene Sorten, zum Beispiel *'Karneval'*, eine besonders hübsche Hybride des Elfenspiegels *Nemesia* (→ Abb. 3). Durch die züchterische Bearbeitung gewinnen die Blüten an Größe und Leuchtkraft, die Raffinesse ihrer Zeichnung nimmt zu (→ Abb. Seite 34). Der Inhalt der Tüten ist nach Farben sortiert oder bunt gemischt. Ob reine Wildform oder Züchtung, spielt bei der Auswahl keine Rolle, was zählt, ist die Anmutung der Pflanze.

Einjährige Blümchen säen

Sie zählen, ihrer gärtnerischen Verwendung entsprechend, zu den einjährigen Sommerblumen für Balkon und Beet. Für die sommerlange Blüte empfehlen die Kulturanleitungen Folgeaussaaten. Sie übernehmen das Farbenspiel, wenn der Flor der ersten Generation nach einigen Wochen, gemäß der Flüchtigkeit seines Wesens, erlischt (→ Seite 44). Gesät wird in der Regel im April direkt im Freien. Für zeitigere Blüte ist bei manchen Pflanzenarten die Aussaat im September oder Oktober des Vorjahres möglich. Im April im Gewächshaus oder auf der Fensterbank kultiviert, gelangen sie ebenso zeitig zur Blüte.

Die Pflanzenanzucht

Die gegebenen Kulturhinweise sind ein Anhaltspunkt. Welcher Aussaattermin gewählt wird, hängt vom Vorhaben ab (→ Seite 42). Gleiches gilt für die Wahl der Aussaatgefäße und die Vorgehensweise bei der Anzucht. Hält man sich streng an das gärtnerisch Gewohnte (→ Seite 48/49), oder stellt man die Regeln des Handwerkes auf den Kopf (→ Abb. Seite 36/37): Wird ausgesät, pikiert und umgetopft, oder das Gesäte in seinem Schälchen belassen und die Fürsorge auf ein Minimum an pflegerischen Maßnahmen reduziert? Welchen Weg man nimmt, entscheidet das geistige Bild, das der Gestalter vor Augen hat. Die Wachstumsgrundlage der abgebildeten Arrangements ist handelsübliche Pflanzerde von guter Qualität. Von der beabsichtigten ästhetischen Wirkung hängt die Düngung ab. Wöchentliche Gaben von Flüssigdünger bringen üppige Blatt- und Blütenbildung, eine seltenere Ausbringung der Nährstoffe den spärlichen Wuchs eines vergleichbar mageren Naturstandorts.

1

2

3

6

5

7

1 Kleinblütige Tagetes
Tagetes tenuifolia
'Starfire Mischung'
Heimat: Mexiko
2 Sonnenfreund
Heliophila longifolia
Heimat: Südafrika
3 Elfenspiegel
Nemesia-Hybriden
'Karneval'
Heimat: Südafrika
4 Leinkräuter
Linaria reticulata 'Crown Jewels' (im Hintergrund: *Linaria maroccana 'Northern Lights'*)
Heimat: Nordafrika
5 Blauer Meister
Asperula orientalis
Heimat: Südwest-Asien
6 Sumpfblümchen
Limnanthes douglasii
Heimat: Californien
7 Schlafmützchen
Eschscholzia californica
Heimat: Californien

4

Grasland mit Arten von *Heliophila* (weiß) und *Senecio* (violett) im Wildblumenreservat Nieuwoudtville an der südafrikanischen Westküste.

Pflanzenstücke - Die Bedeutung der Dinge

Dem Gestaltenden steht das Wissen um die Bedeutung der Dinge hinderlich im Weg. Im Jahr 1889 soll der impressionistische Maler Claude Monet zu einem jungen amerikanischen Künstler gesagt haben: »Wenn du in der Natur malst, versuche zu vergessen, welche Objekte du vor dir hast, - einen Baum, ein Haus, ein Feld oder was auch immer. Stell dir besser vor, hier ist ein kleiner Fleck blauer Farbe, hier ein rotes Rechteck, dort ein gelber Streifen, und male dies genauso, wie du den eigenen einfachen Eindruck der Szene vor dir hast.« Monet selbst wünschte sich blind geboren worden zu sein, um plötzlich das Augenlicht zu gewinnen und dann, ohne die Bedeutung der Dinge zu kennen, mit dem Malen beginnen zu können. Den ersten Blick auf das Motiv hielt er für den wichtigsten und unbefangensten.

Sinnvoll oder nutzlos?

Sinnvoll ist, was der gesellschaftlich festgelegten Vorstellung von Sinn und Zweck entspricht. Eine Schreibmaschine ist zu etwas nütze, aber was bringt es, wenn Pflanzen das Gerät überwuchern (→Abb. rechts)? Nach Monet erübrigt sich diese Frage: Gelingt der unbedarfte Blick, ist ein Objekt namens Schreibmaschine nicht existent.

Die Entstehung

Während eines Besuchs des südafrikanischen Nationalparks Nieuwoudtville, prägt sich das Bild einer Grassteppe mit *Heliophila* und *Senecio* ein (→ Abb. oben). Beim Anblick von *Malcolmia maritima* im heimischen Garten tritt es wieder zutage, - zeitgleich mit dem Bild des im Keller lagernden Schreibgeräts. Das innere Archiv des Gestalters mit seinen über Jahrzehnte angesammelten Eindrücken fügt Schreibmaschine und Malcolmien zusammen.

Gezielt gestalten

Kein Bestandteil ist austauschbar, eine andere Pflanzenart darf es nicht sein. Hinzu kommt die Reduktion auf eine Sorte von Blüten oder Farben. Das Pflanzgefäß tritt in den Hintergrund. Die Eternitschale gibt den Wurzeln Raum, sie ist Sockel und Rahmen; ein architektonisches Element, das kontrastierend zum Pflanzenwuchs dessen vegetativen Charakter exponiert herausstellt.

Kreuzblütler Die Blüten von *Heliophila* (→ Abb. oben) und *Malcolmia maritima* (→ Abb. rechts) stehen dicht beisammen.

TRIUMPH

Dekorative Blütenpflanzen

Das gärtnerische Ziel ist neben der Sicherstellung der Ernährung durch Gemüsezucht, die Kultivierung prächtiger Zierpflanzen zur Befriedigung des menschlichen Schmuckbedürfnisses. Alle Maßnahmen sind darauf abgestellt, Pflanzen mit einem Optimum an dekorativer Wirkung auszustatten. Beim Kombinieren verschiedener Gewächse wird diesem Wunsch zusätzlich entsprochen (→ Seite 48/49 und Seiten 54 bis 76). Alle Gestaltungskriterien zielen auch hier auf die Steigerung des Schmuckwertes. Den abgebildeten Pflanzenstücken sind schmückende Qualitäten durchaus eigen, sie ergeben sich aus der Verwendung von Gewächsen mit dekorativen Blüten (→ Abb. rechts). Im Vordergrund steht aber nicht die Kreation eines hübschen Blumenarrangements, sondern der Vorsatz, den eigenen inneren Bildern mit Hilfe von Pflanzen sichtbar Ausdruck zu verleihen (→ Seite 40). Je nach Idee, ist bei der praktischen Ausführung das Verlassen herkömmlicher gärtnerischer Wege notwendig.

Die gärtnerische Praxis

Die Aussaat in eine Schale und das darauf folgende Pikieren (vereinzeln) mehrerer Pflanzen in einen Topf, kommt den traditionellen Kulturmethoden am nächsten. Sind die Knospen erblüht, werden die Pflanzen in die Gestaltung eingebracht (→ Abb. Seite 36/37 und Seite 52). Pikiert man die Gewächse nach der Keimung direkt an den vorgesehenen Platz, zum Beispiel in größere Schalen (→ Abb. rechts) oder in ein selbstgefertigtes Objekt aus Gips (→ Abb. Seite 50/51) gelangt das Pflanzenstück wie von selbst zur Blüte. Andere Methoden kommen ohne Vereinzelung der Pflanzen aus: Breitwürfig in eine Schale gesät, verbleiben die Pflanzen von Anfang bis Ende im Aussaatgefäß (→ Abb. Seite 35 und Seite 41). Auf diese Weise kann auch die Anzucht von Pflanzen erfolgen, die später büschelweise mit ihren Wurzeln entnommen werden (→ Abb. Seite 46/47).

Venidien *Venidium fastuosum* der Sorte *'Exotic'* (→ Abb. oben) wachsen in flachen Schalen auf einem ausrangierten Kohlenwagen der Gärtnerei. Weißblühend ist die Sorte *'Zulu Prince'* (→ Abb. rechts).

Die Blümchenheimat

Der Charakter dieser Gewächse steht ganz im Gegensatz zu dem, der ihrer Heimat eigen ist. Munter und mit überschwenglicher Vitalität antworten sie auf die extreme Lebensfeindlichkeit. Sie sind rund um den Globus auf den Felssteppen und Geröllfluren der heißen Klimazonen zu Hause. Nur für wenige Tage überfluten sie dort weite Flächen mit ihren Blütenköpfen (→ Abb. rechts). Eile ist von Natur aus geboten, denn der Frühling und die mit ihm verbundenen günstigen Wachstumsbedingungen währen nur kurz. Einsetzende Regengüsse geben den Startschuß zum Wachsen, flugs keimen die Samen. Mit vereinten Kräften weben die Gewächse an einem unüberschaubaren Teppich, wie über Nacht wird er von den aufbrechenden Knospen bunt eingefärbt. Der Flor des Blütenteppichs mißt kaum eine Handspanne an Höhe, denn für langstieliges Wachstum bleibt den Pflanzen nicht die Zeit: Zunehmend wird die ansteigende Tageshitze unerträglicher, ihre Samen reifen, die Pflanzen sterben ab.

Klipp-Klapp Blümchen aus Afrika

Die Pflanzenfamilien der Korbblütler (→ Abb. rechts), Kreuzblütler (→ Abb. Seite 40/41) und Rosengewächse (→ Abb. rechts) sind in der Vegetation südafrikanischer Geröllfluren häufig anzutreffen. Aufgrund ihrer schalenartigen Blütenform zählen viele ihrer Mitglieder zum Gestalttypus der Schalenblumen. Die bunten, konvex geformten Kelchblätter sind Lockmittel und Landeplatz für Insekten. An sonnigen Tagen werben sie weit aufgerissen um ihre Bestäuber. Bei bedecktem Himmel, Regen und Wind sowie nachts, sind die Blüten geschlossen (→ Abb. unten). Ein raffinierter Mechanismus klappt die Blumenblätter nach oben. So werden Pollen, Nektar und die empfindlichen Samenanlagen vor Feuchtigkeit und Kälte geschützt.

Evolution der Schalenblumen

Es wird vermutet, daß der Gestalttypus der Schalenblumen zu den ältesten Blütenformen zählt. Aus ihm heraus sollen sich im Verlauf der Evolution, während der letzten sechzig Millionen Jahre, viele andere Blütentypen mit wesentlich komplizierterem Aufbau entwickelt haben. Beispiele dafür sind Kesselfallenblumen (→ Seite 182/183) und Röhrenblumen (→ Seite 82/83). Die Blütenanlagen der Schalenblumen sind bis heute unverändert einfach und überschaubar geblieben.

Der Liebreiz der Sternblüten

'Baby Blue Eyes' ist der englische Name für das Liebeshainblümchen *Nemophila menziesii* (→ Abb. Seite 34). Die Bezeichnung trifft den Ausdruck der Blüten genau: Staunenden und unbekümmert in die Welt blickenden Kinderaugen kommt er sehr nahe. Damit erklärt sich die Beliebtheit der Pflanzen, - der Liebreiz von Margeritenblüten (→ Abb. oben) und die Poesie romantischer Rosengewächse (→ Abb. unten).

BLÜMCHENHEIMAT SÜDAFRIKA
Im Frühling tauchen die Blüten der Kapringelblume *Dimorphoteca pluvialis* die sandigen Geröllfluren in strahlendes Weiß.

KAPRINGELBLUMEN in Orange

ROSENGEWÄCHSE *Grielum*

KORBBLÜTLER *Felicia australis*

BLÜTENKRANZ
Pflanzen von
Elfenspiegel
Nemesia-Hybriden
'Karneval'
(→ Abb. 3, Seite 38),
Malcolmie
Malcolmia maritima
(→ Seite 40/41),
Glockenphacelie
Phacelia campanularia
(→ Abb. Seite 36/37),
Lopezie
Lopezia racemosa
(→ Abb. Seite 74);
Drahtgeflecht, Gips,
Papier, Farbe.
Kunst- und
Lustgärtnerei,
München 1996

Imaginärer Landschaftsausschnitt

Auf den Kanarischen Inseln ist der Hornklee *Lotus maculatus* zu Hause, der Schönkopf *Calocephalus brownii* siedelt ursprünglich in Australien. Beiden gemeinsam ist die Umwandlung ihrer Blätter in Nadeln (→ Abb. rechts). Die Flüssigkeit verdunstenden Blattflächen werden reduziert, ihr Wasserverbrauch sinkt um ein Vielfaches. Auslöser der Reaktion sind Hitze und Wassermangel an ihrem Heimatstandort. *Calocephalus brownii* ist zusätzlich mit einem Überhitzungsschutz ausgestattet: Sein silberner Überzug reflektiert das Sonnenlicht, eine lebensbedrohliche Erhitzung des Pflanzeninneren wird vermieden. Bei der Kapringelblume *Dimorphoteca sinuata* (→ Abb. rechts und links unten) lassen die ledrig umhüllten Blätter Rückschlüsse auf einen ähnlich heißen Standort zu: Ihre Heimat ist Südafrika.

Convolvulus tricolor
Der Wurzelballen der aufrecht wachsenden Winde ist mit Jutegewebe umhüllt und mit Mörtel bestrichen.

Dimorphoteca sinuata 'Sommermode'
wird in Gärten als Wegeinfassung verwendet.

Die Deutung der Pflanzengestalt

Das Äußere einer Pflanze verrät ihre Herkunft. Wer zur Deutung der Zeichen imstande ist, kann das Wissen gestalterisch nutzen. Zum Beispiel bei einem Arrangement, dessen Pflanzenauswahl und -anordnung von der Heimat der ausgewählten Gewächse inspiriert wurde (→ Abb. rechts). Ausgangspunkt ist die Ähnlichkeit der Gestalt. Ob die Gewächse tatsächlich an einem Standort anzutreffen sind, spielt keine Rolle.

Wohin mit den Wurzeln?

Die Pflanzenstücke sind imaginäre Landschaftsausschnitte. Ein Pflanzgefäß, wie bei einer Schmuckpflanzung üblich, entfällt. An seine Stelle treten dem Gesamtkonzept entsprechende Unterbringungsmöglichkeiten für die Wurzeln. Ein Beispiel ist das Umhüllen des Wurzelballens mit einem Stück Jutegewebe. Durch das anschließende Bestreichen mit Mörtel gewinnt der Ballen das Aussehen eines großen Kiesels (→ Abb. links oben). Auf die Überzeichnung der gärtnerischen Nutzung von Pflanzgefäßen zielt die Anfertigung von Töpfen aus Papiermasse. Kopfüber plaziert sind sie die Persiflage der gewohnten Betrachtungsweise von Pflanze und Topf (→ Abb. Seite 36/37). Auf kuriose Flohmarktfundstücke greifen andere Konzepte zurück. In Kehrblechen aus Speiseöldosen stecken die Pflanzen der Glockenwinde *Nolana paradoxa 'Blauer Vogel'* (→ Abb. Seite 52). Das sommerlich zwischen Gelb und Blau schwingende Pflanzenstück interpretiert die Chilenische Heimat der Küstenpflanze.

DER EINDRUCK einer südlichen Landschaft in einem Terrakotta-Gefäß: In Gelb-orange die Kapringelblume *Dimorphoteca sinuata 'Sommermode'*, silberfarben die Zweige vom Schönkopf *Calocephalus brownii*. Über dem Gefäßrand hängend der Hornklee *Lotus maculatus 'Golden Flash'*.

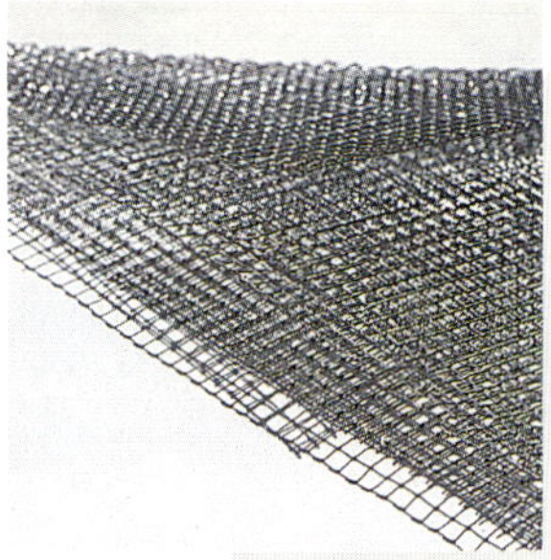

1. Dreieck biegen

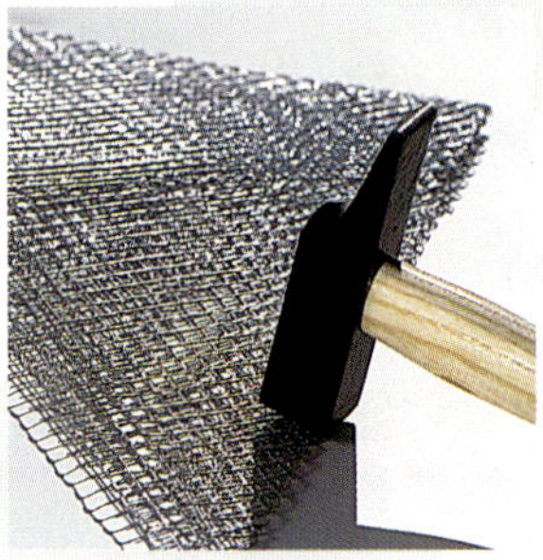

2. Kanten falzen

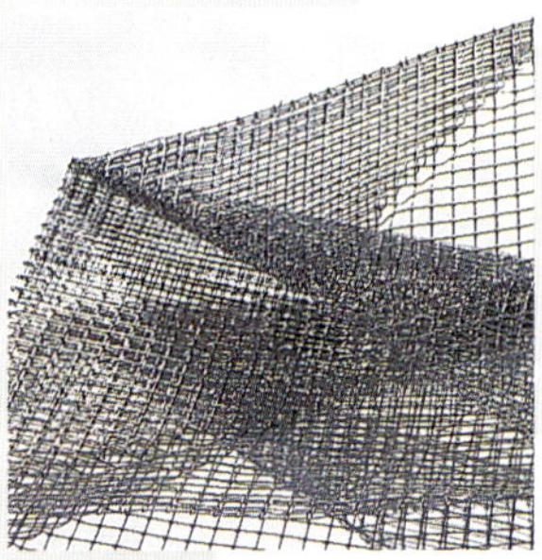

3. Quadrat falten

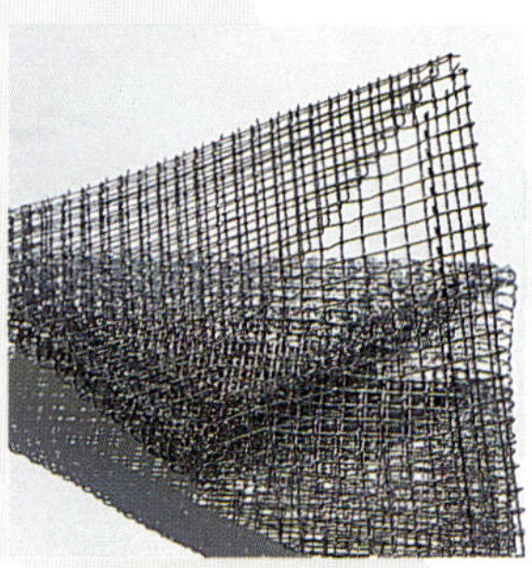

4. Schritt drei wiederholen

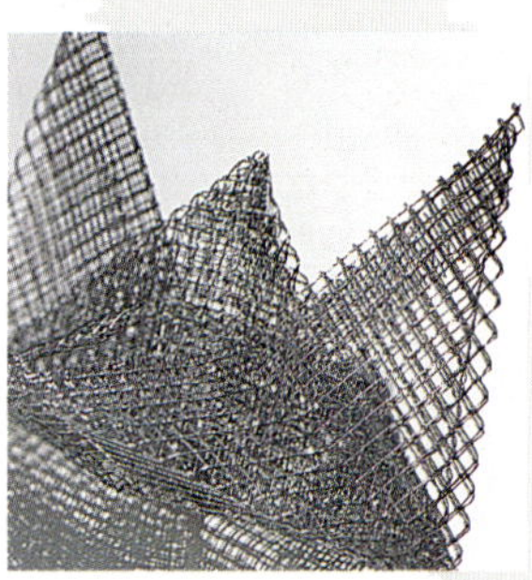

5. Spitzen herausziehen

6. Gips mit Papier aufbringen

Schiff für blaue Blumen

Das Thema ist Blau, die Farbe der Ferne. Ihr entspricht das Schiff. An Bord führt es Pflanzen aus Nordafrika, Californien und Colorado. Sie sind direkt in den Schiffsrumpf eingepflanzt.

Sie benötigen:

Verzinktes Drahtgitter (100 x 120 cm), Alabastergips, Papierschnipsel, Farbe, Klarlack

Werkzeug und Hilfsmittel
Gipsmulde, Spachtel, Hammer, Pinsel

So wird's gemacht:

Das Drahtgitter so auf dem Arbeitstisch plazieren, daß die Längsseite parallel zur Tischkante vor Ihnen liegt. Tragen Sie bei der Arbeit Handschuhe, es besteht Verletzungsgefahr.

1. Die rechte Hälfte bündig auf die Linke biegen, dann die rechte untere Ecke diagonal nach links oben. An der linken Drahtkante einen Rand von 2 cm frei lassen. Die rechte obere Ecke diagonal nach links unten biegen, mit demselben Abstand zur linken Drahtkante. Es entsteht ein Dreieck. Den 2 cm breiten Rand der oben liegenden Fläche zur Dreieckspitze hin biegen und den Vorgang mit dem Rand der unten liegenden Fläche in der Gegenrichtung wiederholen. Überstehende Ecken umbiegen.
2. Alle Kanten mit dem Hammer falzen.
3. Das Dreieck auf seine rechte untere Kante stellen, mit der linken Hand zwischen die Drahtflächen greifen. Beide weit auseinander drücken und die obere Dreieckskante auf die untere pressen. Es entsteht ein Quadrat. Die beiden aufeinander liegenden Ecken der geöffneten Quadratseite nach oben oder unten umklappen.
4. Schritt drei wiederholen.
5. Die mittleren der aufeinander liegenden Dreiecksflächen an ihren Spitzen beidseitig nach außen ziehen. Das Schiff formen.
6. Gips anrühren, einzelne Papierschnipsel eintauchen, den Schiffsrumpf damit bedecken. Am Boden ein Wasserabzugsloch frei lassen. Gips glattstreichen und trocknen lassen. Das Schiff bemalen und mit Klarlack überziehen.

Blaue Blüten vom Bug zum Heck
Glockenphacelie *Phacelia campanularia 'Tropical Surf'*,
Liebeshainblümchen *Nemophila menziesii 'Baby Blue Eyes'*,
Venusspiegel *Legousia speculum-veneris*.

Strand-
gewächse
aus Chile
Pflanzen der
Glockenwinde
*Nolana
paradoxa
'Blauer Vogel'*;
Kehrbleche
aus Speiseöl-
dosen.
Kunst- und
Lustgärtnerei,
München 1996

◁◁ Abb.
Seite 54/55
GAUKLERBLUMEN
Pflanzen von Gauklerblumen *Mimulus-Hybriden;* Balkonkasten und -gitter, Puppenköpfe, Flaschen, Stäbe, Erde. Kunst- und Lustgärtnerei, München 1996

GERANIENROT
Pflanzen verschiedener Pelargonienarten und -sorten *Pelargonium;* Bemalte Tontöpfe, Holzetiketten, Stäbe, Erde, Nachttisch. Kunst- und Lustgärtnerei, München 1996

Blumenschmuck

Blumen sprechen die Sinne an. Sie bereichern das Leben des Menschen. Dies läßt sich in der Geschichte weit zurückverfolgen und in fast allen Kulturen nachweisen. Die Pflanzenanzucht zu Zierzwecken setzt voraus, daß ein Minimum der menschlichen Grundbedürfnisse befriedigt ist. Wenn der Lebensunterhalt einer Gesellschaft oder Bevölkerungsschicht nicht ausreichend gesichert ist, tritt die Beschäftigung mit Blumen völlig in den Hintergrund. In Berlin gehören seit 1890 Balkone zur Grundausstattung eines Mietshauses. Gerade die einkommensschwachen Schichten, wie Arbeiter und Angestellte, nahmen den Balkon begeistert auf. Sie nutzten ihn sehr viel intensiver als die bürgerlichen Kreise. Bei den ersten Wettbewerben zur Balkonbegrünung standen die Arbeiter als Preisträger bereits an zweiter Stelle.

Naturersatz und Schmuckstück

Der Mensch machte sich seßhaft und siedelte in Städten. Die Natur nahm er mit in den Garten, - und auf seinen Balkon. Ist beides nicht vorhanden, werden Pflanzen in Töpfen gehegt (→ Abb. rechts oben). Sie sind Naturersatz und Schmuckstück. Beides steht im Widerspruch zueinander: Die gängigen Zierpflanzen haben ihre natürliche Gestalt weit hinter sich zurückgelassen. Pflanzenzüchter setzen alles daran, die Natur vergessen zu machen. Im Bereich des Blumenschmucks ist der Zyklus vom Werden und Vergehen unerwünscht, der ewige Frühling gefragt.

Geranien

Korrekt heißen sie Pelargonien. Mit ihrer Blühfreudigkeit und Anspruchslosigkeit hielten sie über Generationen das Monopol für sommerlichen Blumenschmuck. Heute ist es gebrochen. Andere Gewächse wurden von den Züchtern vervollkommnet. Sie brauchen die Konkurrenz der alteingesessenen Schönheit nicht mehr zu fürchten. Deren Siegeszug begann um das Jahr 1700. Per Schiff gelangten Wildpflanzen von *Pelargonium peltatum* und *Pelargonium zonale* aus Südafrika nach Holland. Während der folgenden zwei Jahrhunderte hoben die Züchter die genetischen Schätze der beiden Pelargonienarten: eine Unmenge Sorten entstand. Die vielen anderen Mitglieder der Pflanzengattung gelangten dabei ins Hintertreffen. Ihre Schönheit gründet im Detail und nicht in Farbkaskaden (→ Abb. rechts unten und links). Duftpelargonien haben mit der expressiven Farbigkeit der Zuchterfolge am wenigsten zu schaffen. Sie bestechen durch die delikaten Duftnoten, die ihren Blättern bei Berührung entströmen. Ein jugendlicher Gärtnereibesucher brachte es liebenswert auf den Punkt: »Oh! Die Blätter riechen, wenn man sie streichelt.«

Gestaltungsthema Farbe

Die Farbe ist das gestalterische Thema beim Blumenschmuck. Der größte Effekt geht von den Blüten aus. Er wird gesteigert durch die dichte Anordnung der Blumen. Aus der Ferne betrachtet, verschwimmen sie zu einer einzigen farbigen Fläche. Inspiriert durch die Blüten, kann das Farbthema bei den Pflanzgefäßen konsequent weiterentwickelt werden (→ Abb. links und Seite 64 bis 76).

Der repräsentative Pflanzenwuchs

Ein ausgeklügelter Mechanismus bringt alle Blattoberflächen in die optimale Stellung zur Sonne. Licht ist für Pflanzen lebenswichtig, die Blätter saugen es auf. Die Blüten werben um Insekten. Dafür recken sie sich hoch in die vom Sonnenlicht erwärmte Luft. Dort halten sich die willkommenen Blütenbesucher auf. Durch das Zusammenwirken der beiden Mechanismen entsteht ein geometrischer Pflanzenumriß mit einer geschlossenen Oberfläche. Herrschen ideale Lichtverhältnisse, richten sich Blüten und Blätter gleichmäßig nach allen Seiten hin aus. Bei einseitigem Lichteinfall, zum Beispiel bei einem an der Hauswand hängenden Pflanzgefäß, ist auch der Wuchs einseitig orientiert. Von selbst entsteht so die repräsentative Schauseite einer Schmuckpflanzung. Bei einer Balkonbepflanzung wendet sich dieses "Gesicht" dem außenstehenden Betrachter zu (→ Abb. Seite 54/55).

Spanischer Ausguck mit Pelargonien und Topfdekor.

Efeu- oder Hängepelargonie
Pelargonium-Peltatum-Hybriden 'Ville de Paris'

Edelpelargonie oder Englische Geranie
Pelargonium-Grandiflorum-Hybriden 'Lord Beaute'

Rot, Gelb und Blau

In der Theorie gründet die Farbenpracht der Sommerblumen in diesen drei Farben. Bei Pflanzen sind sie selten in reiner Form anzutreffen. Das Rot vom Kleinblättrigen Salbei *Salvia microphylla* (→ Abb. links oben), das Gelb der Ringelblume *Calendula officinalis* (→ Abb. links unten) und das strahlende Blau von *Salvia patens* (→ Abb. rechts) stellen nur eine Annäherung an sie dar. Werden jeweils zwei dieser Grund- oder Primärfarben vermischt, entsteht die Palette der Sekundärfarben: Gelb und Rot wird zu Orange, Rot und Blau zu Violett, Blau und Gelb zu Grün. Vermischt man auch hier zwei Töne, erweitert sich das Sortiment um die daraus sich ergebenden Tertiärfarben. Was die Farbenlehre erklärt, läßt sich mit Wasserfarben nachvollziehen. Aus den Näpfen mit dem reinen Gelb, Rot und Blau gehen alle weiteren Farben hervor. Ein Maler kann durch das Ausmischen der Farbtöne gezielten Einfluß auf die Bildkomposition nehmen. Entscheidend ist auch, in welcher Weise er die Töne zueinander ordnet. Denn die Umgebung einer Farbe beeinflußt ihre Wirkung.

Vorgegebene Pflanzenfarben

Das Ausmischen von Farbtönen ist beim Gestalten mit Pflanzen nicht möglich: Alle Farben sind bereits gemischt und an eine bestimmte pflanzliche Gestalt gebunden (→ Seite 64/65). Was bleibt, ist die Einflußnahme durch die geschickte Auswahl und Zuordnung der

KLEINBLÄTTRIGER SALBEI
Salvia microphylla

RINGELBLUMEN
(→ Abb. oben)
in Gesellschaft (→ Abb. rechts, von links nach rechts): Spaltblume *Schizanthus-Wisetonensis-Hybriden 'Starparade'*, Vanilleblume *Heliotropium arborescens 'Alba'*, Blaue Mauritius *Convolvulus sabatius*, Natternkopf *Echium plantagineum 'Blue Bedder'*, Kornblume *Centaurea cyanus 'Jubilee Gem'*, Kleinblättriger Salbei, *Tagetes tenuifolia 'Lulu'*, *Tagetes-Patula-Hybr. 'Mr. Majestic'*, Zymbelkraut *Cymbalaria muralis*, Tripteris *Osteospermum hyoseroides*.

Farbvariation mit (von links nach rechts): Cacalie *Emilia javanica*, Elfenspiegel *Nemesia-Hybriden 'Karneval'*, Gauchheil *Anagallis monelli 'Skylover'*, Hängepelargonie *Pelargonium-Peltatum-Hybriden 'Fatma'*, Hornklee *Lotus maculatus 'Golden Flash'*, *Salvia patens* (→ Abb. unten), Tripteris *Osteospermum hyoseroides*, Resede *Reseda odorata*, Wicke *Lathyrus odoratus*, Lopezie *Lopezia racemosa*, Mähnengerste *Hordeum jubatum*, Zweizahn *Bidens ferulifolia*, Venidie *Venidium fastuosum 'Exotic'*; Eternitkasten.

Salvia patens blüht vom Frühsommer bis zum Herbst. Das Blau der großen Salbeiblüten besticht.

Farbelemente. Dazu zählen sowohl die Pflanzen, als auch das Gefäß und die Farben der Umgebung.

Grün - Die vierte Grundfarbe

In einem Balkonkasten, bepflanzt mit Sommerblumen, bilden die unzähligen Nuancen von Grün den Fond für den bunten Flor der Blüten. Für denjenigen, der mit Pflanzen gestaltet, sind sie weitaus wichtiger als das leuchtende Gelb, flammende Rot oder tiefe Blau der Farbentheorie. Das Grün der Blätter vermag die Leuchtkraft von Blütenfarben zu mildern, zu brechen oder wie ein Schwamm aufzusaugen. Andererseits ist es das Grün, das dem Gestalter die ungewöhnlichsten Farbkombinationen ermöglicht. Es schafft den harmonischen Übergang und führt die Farben in wohlklingendem Einvernehmen zueinander (→ Abb. oben und links).

Erde, Dünger, Pflege

Voraussetzung für kräftiges Wachstum und üppige Blüte ist Erde von guter Qualität sowie kontinuierliche Nährstoffzufuhr: wöchentlich mit Flüssig- oder in größeren Abständen mit Depotdünger. Gleichmässige Wasserversorgung ist wichtig. Wie dicht gepflanzt wird, hängt von den eigenen Vorstellungen ab: Die Gewächse bahnen sich selbst ihren Weg. Den Eindruck von "Natur" vermittelt eine Schmuckpflanzung, wenn man die dauerblühenden Klassiker mit Pflanzen von ursprünglicher Anmutung kombiniert (→ Abb. links und oben). Ihr ungezähmter Lebenszyklus belebt. In der Sonne oder im Halbschatten wachsen viele Pflanzen am besten. Oft lohnt die Überwinterung mehrjähriger Gewächse: In den Folgejahren sind Wuchs und Blüte üppiger (→ Abb. Seite 76).

Töpfe, Schalen, Scheffel

Das Gefäß hat die Funktion, den Wurzeln ausreichend Platz zu bieten. Darüber hinaus ist es ein wichtiges Gestaltungselement. Von seinem Charakter, seiner Form und Farbe hängt die harmonische Gesamtwirkung einer Schmuckbepflanzung ab. Höhe und Durchmesser müssen so gewählt sein, daß Pflanzen und Gefäß in einem ausgewogenen Verhältnis zueinander stehen. Im fortgeschrittenen Wachstumsstadium, während des Sommers, sollten die Pflanzen dominieren. Sie dürfen das Gefäß überwuchern, aber nicht vollständig bedecken. Nur in Ausnahmefällen ist es reizvoll, wenn die überquellende Blatt- und Blütenfülle die Gefäßform nachzeichnet und mehr ahnen als sichtbar läßt (→ Abb. unten). Der erkennbare Kontrast zwischen der architektonischen Gefäßform und der organischen Pflanzengestalt, ist ein hintergründig wirkendes Spannungsmoment. Es strukturiert das ineinander verwobene Linienspiel, vor allem von Hängepflanzen wie Petunien, und faßt es ein (→ Abb. oben und Mitte).

Gefäß und Pflanze

Die Gefäßform bezieht sich auf die Pflanzengestalt. Diese soll betont und in besonderem Maße hervorgehoben werden. Aufrechte Gewächse, mit seitlich sich entfaltenden Blättern kommen in einer flachen Schale mit ausladender Öffnung besonders zur Geltung. Ein

LINIENSPIEL DER HÄNGEPFLANZEN Petunie *'Purple Surfinia'* und Harfenstrauch *Plectranthus coleoides* im Terrakottakasten.

LÖWENMÄULCHEN *Antirrhinum repens 'Clownerie weiß'* mit (von links nach rechts): Zypressenkraut *Santolina rosmarinifolia*, Schönkopf *Calocephalus brownii*, Purpursalbei *Salvia officinalis 'Purpurascens'*.

DIE BLÜTEN des Klees *Oxalis* sind violettrosa und von dunklen Adern durchzogen (→ Abb. oben). Sein Wuchs zeichnet die Form der Keramikschale nach (→ Abb. links).

EIN PFLANZGEFÄSS VOM FLOHMARKT
Aluminiumpfanne mit Fetthenne *Sedum spurium*.

GEMSHORN ODER TEUFELSKRALLE
Proboscidea louisianica mit Früchten und Blüten.

solches Gefäß präsentiert die frech orangefarbenen Blütenknöpfe der Cacalien so dekorativ wie ein Fruchtkorb (→ Abb. unten). Gemeinsam mit den allseitig zur Sonne hin orientierten Blattoberflächen und Blüten, erscheint der Umriß der Bepflanzung als harmonisch geformtes Oval.

Bepflanzung im Gleichgewicht

Eine Schmuckbepflanzung kippt, wenn Gewächse zu weit über den Rand ragen. Die Unausgewogenheit kann sowohl das physikalische Gewicht betreffen, als auch den optischen Eindruck. Zum Ausgleich des physikalischen Gewichts ist ein entsprechend standfestes Gefäß heranzuziehen. Wenn das Erscheinungsbild im Lot gehalten werden soll, kommt es ausschließlich auf die Wirkung an. Ein Gefäß mit großflächiger, dunkler Außenwand wirkt schwerer als eines mit kleingliedriger, heller Oberfläche. Für die raumgreifenden Triebe von *Proboscidea louisianica* ist die dunkle Holzwand eines ausgedienten Getreidescheffels das entsprechende optische Gegengewicht (→ Abb. links). Der Scheffel steht von sich aus leicht geneigt. Das Tauziehen zwischen den Kräften wird dadurch unterstrichen.

DEKORATIV WIE EIN FRUCHTKORB präsentiert die ausladende Keramikschale (→ Abb. rechts) die leuchtenden Blütenknöpfe der Cacalie *Emilia javanica* (→ Abb. oben).

Zierpflanze oder Nutzpflanze?

Freischwebend wuchert Gemüse. Das Gartenbeet hängt in der Luft (→ Abb. links). Blumen sind ein ästhetischer Genuß. Salat, Tomate und Rotkohl dagegen, traditionell für den Geschmackssinn bestimmt. Diese Konvention ist aufgehoben.

Der Gemüsekorb

Den Hängekorb aus Draht kann man kaufen. Weite Maschen erlauben die allseitige Bepflanzung der Korbwand. Dies ist der Grund für die Fülle, die allem Anschein nach ganz ohne Pflanzgefäß auskommt. Damit keine Erde herausrieselt, wird die Korbwand mit Moos oder Kokosfaser ausgekleidet, innen eine Folie als Feuchtigkeitsschutz eingelegt. Bepflanzt wird von unten nach oben, die Auskleidung dazu durchstochen. Von außen führt man die Jungpflanzen von Aubergine, Tomate und Rotkohl sowie von Pflücksalat und Wassermelone durch die Wandung. Schichtweise werden die Wurzeln mit Erde bedeckt.

Luft- oder Etagenzwiebel

Salat schießt ins Kraut und treibt skurrile Blütenstengel (→ Abb. links). Die Luft- oder Etagenzwiebel bildet ihrerseits an den Spitzen junge Brutzwiebeln (→ Abb. unten). Aus ihnen schiebt sich ein grüner Trieb empor. Oben trägt auch er eine Zwiebel. Laub und Brutzwiebeln besitzen einen würzigen Lauchgeschmack. Bei der Gefäßsuche lenkte der Bezug zur Küche den Blick auf die ausgediente Olivenölbüchse. Die Idee zum Spiel mit den Trichtern lieferten die spitzstengeligen Lauchröhren. Bevor sich an deren Enden die Brutzwiebeln bildeten, wurden die Trichter aufgesteckt.

Basilikum und Spaltblume

Bei der Kombination von Spaltblume und rotblättrigem Basilikum in einer glasierten Keramikschale verwischt die Grenze zwischen Zier- und Nutzpflanze vollständig (→ Abb. unten). Das dunkle Laub führt den Blick in die Tiefe. Es bringt die Blütenfarben zum Leuchten.

Spitzstengelige Küchenschönheit in der Olivenölbüchse: Die Luftzwiebel *Allium cepa var. viviparum* mit Brutzwiebeln und Trichtern. Im Hintergrund: Ölbüchse mit Basilikum.

Zier- und Nutzpflanzen in einer Schale (→ Abb. rechts): Spaltblume *Schizanthus-Wisetonensis-Hybriden 'Starparade'* mit rotlaubigem (→ Abb. unten) und grünem Basilikum *Ocimum basilicum.*

Blütenfarben - Farbpigmente

Blütenfarben - Farbpigmente
Der Stofflichkeit der Pigmentfarben (→ Abb. unten) entspricht die samtene oder seidige Wirkung der Blütenfarben von Pelargonie *Pelargonium-Zonale-Hybriden 'Kardinal'* (→ Abb. oben) und Gauklerblume *Mimulus-Hybriden 'Viva'* (→ Abb. oben rechts).

Das Sonnenlicht erscheint farblos oder weiß. Wenn es in einem bestimmten Winkel auf einen Wassertropfen trifft, zeigen sich an ihm die Regenbogenfarben. Der Lichtstrahl wird wie von einem Glasprisma gebrochen und in seine Bestandteile zerlegt. Die Spektralfarben kommen zum Vorschein. Ihre Palette reicht von Violett, Blau und Grün, über Gelb, Orange, bis hin zu Rot. Auf diesem Farbspektrum ist unmittelbar neben Violett das Ultraviolett angesiedelt. Es bleibt dem menschlichen Auge verborgen. Bienen und andere Insekten können es sehen. Für sie ist es eine wichtige Signalfarbe bei der Nahrungssuche (→ Abb. rechts).

Die Farben von Pflanzen

Sie entstehen durch Reflexion oder Absorbtion. Das auf die Pflanzen treffende Licht wird entweder zurückgeworfen oder aufgesogen. Eine Blüte ist weiß, wenn das gesamte Lichtspektrum reflektiert wird; schwarz, wenn sie es komplett aufsaugt. Wird nur ein Teil reflektiert und der Rest absorbiert, erscheint eine Blüte in der Farbe des reflektierten Lichtspektrums: Dann ist sie gelb, orange, rot oder blau. Das bunte Nebeneinander, zum Beispiel bei einer Gauklerblume oder Pelargonie (→ Abb. oben), entsteht durch das Wechselspiel von Reflexion und Absorbtion.

Die Farbstoffe

Dies sind Substanzen, die in flüssiger oder kristallisierter Form in den Pflanzenzellen eingelagert sind und die Reflexion oder Absorbtion veranlassen. Auf Anthocyane gehen Rot und Blau zurück. Flavonole und Flavone bedingen weißliche bis gelbe Färbungen. Carotinoide bringen die Farben von Tomaten, Paprika oder Gelbe Rüben hervor. Chlorophyll ist zuständig für Blattgrün. Von der Menge des Farbstoffs hängt die Intensität der Farbe ab. In hoher Konzentration färbt das Delphinidin-Anthocyan die Blüten von Tulpen oder Stiefmütterchen schwarz. In geringerer Dosierung bringt es Blau hervor.

Subtraktionsfarben

Die schwarzen Flecken an der Basis von Tulpen- oder Klatschmohnblüten kommen anders zustande. Hier liegen Zellschichten mit unterschiedlichen Farbstoffen übereinander. Jede Schicht ist in der Lage, einen anderen Bereich des Lichtspektrums durch Absorbtion abzuziehen, - zu subtrahieren. Im Extremfall, bei Schwarz, schlucken die Zellschichten nacheinander das gesamte einfallende Licht.

Additive Farbmischung

Der Maler Georges Seurat (1859-1891) erfand die Maltechnik, die er Pointillismus nannte. Er setzte verschiedene Farbtupfen nebeneinander, wie Mosaiksteinchen (→ Seite 68/69). Die Farbpunkte sind aus einiger Distanz nicht mehr einzeln wahrnehmbar. Im Auge des Betrachters fügen sie sich zusammen zu einer Mischfarbe. Lange bevor Seurat diese Maltechnik entdeckte, wurde sie von Pflanzen benutzt.

Mittagsgold *Gazania-Hybriden* aus Bienensicht: Die Insekten sehen die Blüten ultraviolett.

Das menschliche Auge sieht die Gazanie strahlend gelb. Pollen und Samenanlagen befinden sich im Zentrum.

Samt und Seide

Pflanzen sind mit einer schützenden Wachsschicht versiegelt. Je nach ihrer Ausprägung überzieht sie eine Blüte mit poliertem Lackglanz oder mit seidenem Schimmer. Papillös nach außen gewölbte Zellen der Oberfläche brechen das Licht so, daß eine Blüte aussieht wie Samt.

Farbpulver

Sie werden von Malern verwendet und ähneln den Färbungen von Blüten (→ Abb. links und rechts). Ihre Textur und Leuchtkraft ist von derselben Qualität bestimmt. Der Anblick der aufgereihten Pigmente in den Geschäften für Künstlerbedarf läßt den Atem genauso stocken, wie das alljährliche Angebot einer gut sortierten Sommerblumen-Gärtnerei. Von den Blütenfarben der Pflanzen rührt die Inspiration: Für die weiterführende gestalterische Umsetzung sind die Farbpulver vorzüglich geeignet. Ihre Palette ist reichhaltiger und delikater als die der gebrauchsfertigen Dispersionsfarben und Lacke. Zur wetterfesten Gefäßbemalung rührt man die Pigmente mit Wasser und einem Bindemittel an (→ Abb. rechts oben und Seite 68/69). Der tiefgründige Charakter des Farbpulvers bleibt erhalten, wenn man eine Fläche mit kaum verdünntem Bindemittel oder Leim bestreicht und mit den Pigmenten einstäubt (→ Seite 90/91 und Seite 204/205).

Farbpigmente (→ Abb. unten) als Grundstoff bei der gestalterischen Umsetzung der Blütenfarben: Die Pulver werden mit Bindemittel angerührt, die Gefäßwand weiß grundiert. Die Grundierung reflektiert das Licht und bringt die aufgetragenen Farben zum Leuchten (→ Abb. oben).

Schmückende Pflanzen - Dekorative Gefäße

Das Pflanzgefäß übernimmt die Rolle des Erdbodens. Das eingefüllte Substrat gibt den Pflanzen Halt und führt Wasser sowie Nährstoffe zu. Das Gefäß selbst dient als Behälter: Pflanzen und Erde werden von ihm beisammen gehalten. Erdfarbene Keramikschalen oder Terrakotta-Kübel aus rotgebranntem Ton verleihen einer Pflanzung die optische Präsenz des abhanden gekommenen Erdbodens, sie unterstreichen die natürliche Anmutung der Bepflanzung (→ Abb. Seite 60 und Seite 76). Das Gefäß selbst ist aus "Erde" gefertigt. Sein Charakter und seine Tönung entsprechen dem gewohnten Umfeld der Gewächse.

Ziele der Pflanzenzüchtung

In vielen Kulturen sind Pflanzen mit dekorativen Blüten seit je her begehrte Schmuckstücke. Sie werden zur Verschönerung der menschlichen Umgebung herangezogen. Der Zierwert wird durch die fortschreitende Pflanzenzüchtung beständig optimiert: Große Blüten von hoher Leuchtkraft und ein üppiger sommerlanger Flor, sowie die Anspruchslosigkeit bei der Pflege und ein wetterfester Charakter sind die Ziele der Züchter. Balkonblumen die diesen Forderungen entsprechen, zeichnen sich durch einen hohen Schmuckwert aus. Ein Beispiel dafür sind die aktuellen Sorten der Petunien (→ Abb. Seite 69).

Töpfe und Kästen in Blütenfarben

Soll die Bepflanzung den Eindruck von "Natur" vermitteln, oder ist ein plakativ leuchtendes Schmuckstück mit großer Fernwirkung gefragt? Egal für welche Richtung man sich entscheidet: wichtig ist die in sich stimmige Umsetzung des gestalterischen Zieles. Bei einer Schmuckpflanzung gilt es, die von den Züchtern gelegte Spur konsequent weiter zu verfolgen. Das Gefäß muß dem dekorativen Pflanzencharakter entsprechen. Die Hersteller von Pflanztöpfen tragen dem menschlichen Schmuckbedürfnis genauso Rechnung, wie die Pflanzenzüchter. Sie versehen ihre Produkte mit auffälligen Dekoren (→ Abb. Seite 57) oder klassischen Reliefs (→ Abb. rechts). Weitaus interessanter ist es, wenn man selbst zu Pinsel und Farbe greift. Ausgangspunkt dafür sind die Blütenfarben der zur Bepflanzung vorgesehenen Sommerblumen. In ihnen steckt die unerschöpfliche Inspirationsquelle für die phantasievolle Bemalung von Pflanzgefäßen (→ Seite 68/69).

Bemalte Gefässe (→ Abb. links) Wer den stillen Farbausgleich sucht, kombiniert ein solches Gefäß mit Blattpflanzen (→ Abb. rechts unten). Zum Bemalen am besten geeignet sind unglasierte Tontöpfe, preiswerte Terrakotten oder Gefäße aus Eternit. Auf ihrer Oberfläche haftet die Farbe gut.

Freche Farben mit Fernwirkung
Knollenbegonie *Begonia-Knollenbegonien-Hybriden*, Fleißiges Lieschen *Impatiens walleriana*, Elfenspiegel *Nemesia-Hybriden 'Karneval'*; Terrakotta-Kasten. Im Spätsommer dominiert das Rosé von Knollenbegonie und Fleißigem Lieschen. Der Elfenspiegel zieht sich zurück.

Blattwerk auf und im Terrakotta-Kasten: Das dekorative Laub einer dem Harfenstrauch *Plectranthus* verwandten Pflanzenart und Acanthus-Ornamente.

1. Gefäß grundieren

2. Topf hellrot färben

3. Dunkelrot und Violett

4. Pink aufbringen

5. Blau und Schwarz

Pflanzgefäße bemalen

Die Blütenfarben und -muster der vielen Petunien regen zu der Bemalung von Pflanzgefäßen an. Ihre Farbpalette reicht von Rot über Blau, Pink und Weiß bis hin zu Gelb. Man kann die Blütenfärbung phantasievoll mit dem Pinsel interpretieren (→ Abb. rechts), oder mit dem Schwämmchen unter der Anwendung der additiven Farbmischung und der pointillistischen Maltechnik (→ Seite 64/65) nachahmen (→ Abb. unten). Statt Farbpigmenten können auch fertig gemischte Dispersions- oder Acrylfarben verwendet werden. Pigmente muß man in Wasser lösen. Ein beigemischtes Bindemittel sichert die Haftung auf dem Untergrund. Nicht alle Farbpigmente und Binder haben dieselben Eigenschaften. Informieren Sie sich beim Einkauf über die optimale Kombination und das richtige Mischungsverhältnis. Ein höherer Anteil an Bindemittel fixiert die Farbe stärker, eine sämige Konsistenz der Lösung ist ideal. Während der Verarbeitung muß die Farbe ständig aufgerührt werden, andernfalls setzen sich die Pigmente am Boden ab. Manche Farben sind giftig, achten Sie beim Einkauf darauf.

Sie benötigen:

1 unglasierter Tontopf

Zum Grundieren
Acryllack in Weiß

Zum Bemalen
Farbpigmente in Hellrot, Dunkelrot, Violett, Pink, Blau und Schwarz, Bindemittel

Zum Schutzanstrich
Acryllack farblos

Werkzeug und Hilfsmittel
5 Schwämmchen, Pinsel, Anrührlöffel, Becher, Wasser, Handschuhe, Lappen, Abdeckfolie, Unterleghölzchen

So wird's gemacht:

Tragen Sie Handschuhe und schützen Sie die Arbeitsfläche mit Abdeckfolie.
Vorbereitung: Die Pigmente werden einzeln mit Wasser und Bindemittel in einem Becher angerührt. Zum Auftragen verwendet man Schwämmchen. Sie werden mit der Farbe bestrichen.
1. Gefäß grundieren:
Den Topf außen und am Innenrand mit dem weißen Lack streichen. Zum Trocknen mit Hölzchen unterlegen.
2. Topf hellrot färben:
Den Topf deckend mit Hellrot betupfen und Trocknen lassen.
3. Dunkelrot und Violett:
Nacheinander Dunkelrot und Violett partiell auftragen.
4. Pink aufbringen:
Die Farbe ringsherum so aufbringen, daß die vorhergehenden Farbschichten durchschimmern.
5. Blau und Schwarz:
Die beiden dunklen Farben nur flüchtig auftragen. Trocknen lassen und Schutzschicht aus farblosem Acryllack auftragen.

BLÜTEN zur Inspiration: Die Petunie *'Purple Surfinia'*.

DIE BEMALUNG ahmt die Petunienblüte nach.

also richtige Formen.
9 Zoll hoch
und
großen und wurzelrei-
chen Pflanzen.
Nro. 2. oben 8, unten 6 Zoll weit,
7 Zoll hoch; zu Levcojen, Lack,
Rosen und dgl.
unten 4 1/2 Zoll
weit, 6 1/2 Zoll
Hyacinthen,
Blumen-
zwiebeln.
Nro. 4.
unten 4 1/2 Zoll
weit, 5 1/2
zu kleinen Ro-
Balsaminen
allen soge-
wächsen und
unten 4 Zoll
Aurikeln
unten 2 1/2 Zoll
beson-
8 Zoll
7 Zoll
ATERIE DER BLUMENSCHERBEN.

Orange und Gelb (von links nach rechts): Leinkraut *Linaria reticulata 'Crown Jewels'*, Petunie *Petunia-Hybriden*, Fleißiges Lieschen *Impatiens walleriana*, Elfenspiegel *Nemesia-Hybriden 'Karneval'*; Tontopf. Im gelb-grünen Tonkübel: Petunie *Petunia-Hybriden*, Wandelröschen *Lantana-Camara-Hybriden 'Aloha'*.

Schönnessel *Eucnide bartonioides 'Blazing Star'*

Zweizahn *Bidens ferulifolia 'Samsara'*

Gelb und Grün Schönnessel *Eucnide bartonioides 'Blazing Star'*, Zweizahn *Bidens ferulifolia*, Sumpfblümchen *Limnanthes douglasii*, Harfenstrauch *Plectranthus coleoides 'Marginatus'*; Terrakotta-Kübel.

Vom Gelb zum Orange
Lilie *Lilium*, Knollenbegonie *Begonia-Knollenbegonien-Hybriden*, Mähnengerste *Hordeum jubatum;* Terrakotta-Pokal.

Zitronengelb - Limettengrün

Dieses Gelb neigt zur Kälte. Im strahlenden Sonnenlicht tendiert es zum gleißenden Weiß. Zitronengelbe Blüten und Blätter in Limettengrün reichen die ersehnte Erfrischung im Gedränge der hitzigen Sommerfarben. Durch diverse Abwandlungen der Farbkomposition läßt sich der optische Genuß dieses Cocktails phantasievoll variieren.

Schönnessel und Zweizahn

Der Topf spiegelt die Füllung wieder: seine Wand ist übersät mit gelben Sprenkeln (→ Abb. links unten). Anlaß zu dieser Farbgestaltung gab die Schönnessel, der Zweizahn und die Sumpfblume. Ihre Blüten wirken wie Tupfen. Die kühle Tendenz der gelben Blumen wird vom weiß umrahmten Harfenstrauch aufgegriffen. Die hellen Blütenspitzen der Sumpfblumen führen sie fort. Ihr Flor ist von kurzer Dauer. Im späteren Sommer dominieren Zweizahn und Schönnessel. Das kühle Weiß tritt zurück, Gelb triumphiert.

Lilie, Begonie und Gerste

Hoch in der Luft schwingt das Zitronengelb der Lilien (→ Abb. oben). Das rötlich schimmernde Ziergras ordnet sich unter. Es schafft den farblichen Übergang zum Orangeton der Begonien. Dieser springt über auf die Pokalwand. Das Rot des Gefäßornaments findet sich wieder in den Lilienblüten. Ihre Staubfäden sind ähnlich gefärbt. Mit Leinkraut, Fleißigem Lieschen und Elfenspiegel kippt das kalte Gelb vollends in den warmen Farbbereich (→ Abb. links oben). Was bleibt, ist das Gelb der Petunie.

Kornblumenblau und Violett

Das Blau der Kornblume ist sprichwörtlich. Es führt in die Ferne. Hin zum makellosen Himmelblau eines Sommertages. In den Petunien mischt es sich mit Rot und wird zur Farbe der Veilchen. Abgewandelt bleibt das Blau präsent, es drängt sich dem Betrachter entgegen.

Natternkopf, Kornblume, Rauke

Der Topf zeigt wolkige Blauformationen (→ Abb. unten). Sie setzen sich in den dichten Blütenbüscheln von Natternkopf und Kornblume fort. Das flimmernde Lichtspiel der silbrigen Blätter setzt die Farbe in Bewegung. Die blauen Nuancen flirren, ähnlich wie die weißen Blütensterne der Rauke.

Petunien und Blaue Mauritius

Die Quintessenz der Blütenfarben von Petunie, Blauer Mauritius, Königsmantel und Torenie schwingt zwischen Blau und Violett (→ Abb. rechts). Der Farbeindruck ist geprägt von feinmodelliertem Schatten. Sein Pendant sind die lichten Blüten des Heliotrop und das filzige Laub in Silber und Gold.

Kornblume
Centaurea cyanus 'Jubilee Gem'

Natternkopf
Echium plantagineum 'Blue Bedder'

Violett mit Licht und Schatten (→ von links nach rechts): Blaue Mauritius, Petunie *Petunia-Hybriden*, Schönkopf *Calocephalus brownii*, Vanilleblume, Filzkopf *Helichrysum petiolare 'Gold Leaf'*, Königsmantel *Nierembergia hippomanica 'Purple Robe'*, Torenie; Terrakottagefäß.

Flirrendes Kornblumenblau
Natternkopf, Kornblumen und Rauke; Terrakotta-Kübel.

VANILLEBLUME
Heliotropium arborescens 'Alba'

TORENIE
Torenia-Hybriden 'Blue'

FILZKOPF
Helichrysum petiolare

BLAUE MAURITIUS
Convolvulus sabatius

Rosenwangige Schönheit aus Chile: Gauklerblume *Mimulus-Hybriden 'Andennymphe'* im blauen Tontopf mit roter Scherbe.

Pelargonie *'Voodoo'*

Blattgold als Gefäßdekor

Lopezie *Lopezia racemosa*

Rosenrot - Geranienrot

Das Rot beginnt flüchtig in den rosenwangigen Blüten der Gauklerblumen. Im Sommer verliert es seine adelige Blässe, es gewinnt an Dichte. Bei der Geranie bzw. Pelargonie *'Lord Beaute'* (→ Abb. rechts und Seite 57) erreicht die Farbe ihren höchsten Sättigungsgrad. Die Blüten wirken schwarz vor lauter roten Farbpigmenten. Das blaublütige Rot verwandelt sich. Es wird zur glühenden Feuerfarbe. Wie Magma köchelt sie unter der Oberfläche der Blütenblätter von *'Voodoo'* (→ Abb. rechts).

Die 'Andennymphe'

Diese Sorte der Gauklerblumen verblüfft den Pflanzenfreund (→ Abb. oben). Im ausklingenden Frühling, zu Beginn ihrer sommerlangen Blütezeit, sind die Blumen rosenrot getönt. Im Sommer zeigt sich ein anderes Bild. Der rote Hauch ist wie weggeblasen. Die Blüten kleiden sich nun in prickelnde Champagnerfarben. Der Grund für die Farbveränderung ist die zunehmende Tagestemperatur.

Blauer Topf und rote Scherbe

Das Quentchen Blau der Blüten gab Anlaß zur Bemalung des Topfs (→ Abb. oben rechts). Seine Raffinesse wird erst beim näheren Hinsehen ersichtlich: Für die Bepflanzung wurde ein zerbrochenes Gefäß genutzt. Den Topf färbte man blau, die Scherbe rot. So hervorgehoben, wurde das Bruchstück wieder in die Topfwand eingefügt. Es darf nicht überwuchert werden.

Kaltes Rot

Mit Weiß tendiert das ansich warme Rot des Pflanzkastens ins Kühle. Ein Blattgold-Ornament reflektiert das Licht. Oben beginnt das Rot glühend in der Magmafarbe von *'Voodoo'* (→ Abb. unten links). Die Lopezie nimmt den Farbton auf. Sie ist ein unermüdlicher Dauerblüher. Weitere kleine Blüten sind aus dem Kapitel "Blümchen" entlehnt (→ Seite 32 bis 52). *'Lord Beaute'* schafft den Übergang zum Violett der Petunien.

Orange und eine Brise Blau

Das Rot verfärbt sich ein weiteres Mal. Es tendiert zum gelben Laub der Zitronenmelisse (→ Abb. Seite 76). Auf dem Weg dorthin entsteht das Orange von *Mimulus aurantiacus*. Die wohlriechenden Pflanzen quellen aus den Öffnungen einer Taschenamphore. Durch ein wenig Blau wird das Orange gesteigert. Die Glöckchen von *Borago pygmaea* sind zwischen die Blüten der Gauklerblumen gestreut.

KALTES ROT (von links nach rechts): Liebeshainblümchen *Nemophila menziesii 'Penny Black'*, Gauklerblume *Mimulus-Hybriden*, Pelargonie *'Voodoo'*, Malcolmie *Malcolmia maritima*, Lopezie *Lopezia racemosa*, Pelargonie *'Lord Beaute'*, Leinkraut *Linaria reticulata 'Crown Jewels'*, Petunie *Petunia-Hybriden 'Blue Vein Surfinia'*; Eternitkasten.

Orange und eine Brise Blau (→ Seite 75): Wohlriechende Gauklerblume *Mimulus aurantiacus*, Niederliegender Boretsch *Borago pygmaea*, Dreifarbiger Salbei *Salvia officinalis 'Tricolor'*, Zitronenmelisse *Melissa officinalis 'Aurea'*, Nachtkerze *Oenothera odorata 'Sulphurea'*; Taschenamphore.

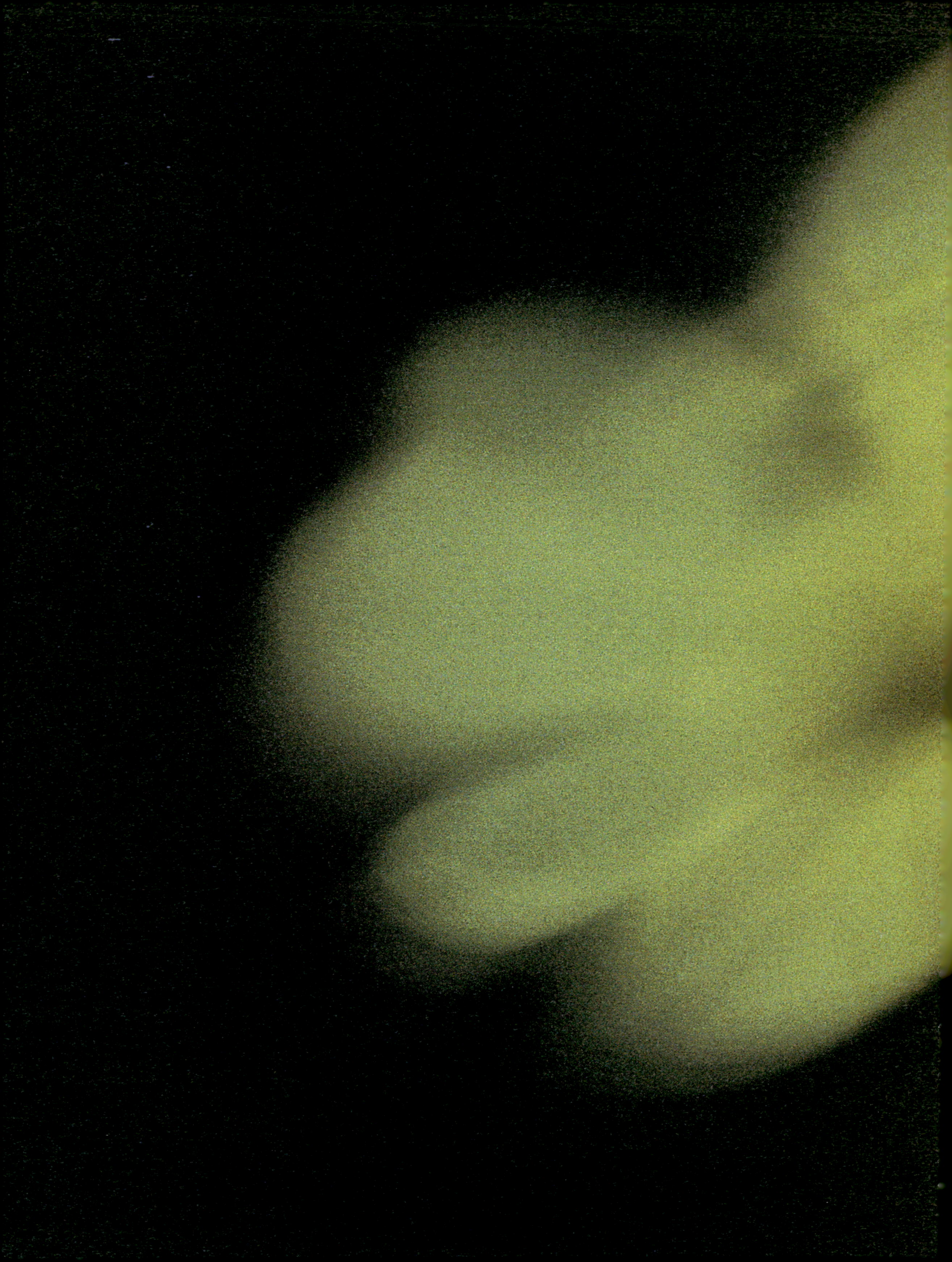

NACHTFALTERBLUMEN

Kometengleich glimmen ihre Blumen im kühlen Blau der Sommernacht, sie sind das irdische Pendant der Himmelskörper, Sternschnuppenblüten, gleißend weiß durchwirkt von Lurexfäden oder grüngelb fluoriszierend wie Leuchtkäferlicht. Den Tag verbringen die Nachtschwärmer unter den Blütenpflanzen zusammengekauert dösend. In Erwartung ihrer Bestäuber kommt zur blauen Stunde Bewegung in die Knospen. Schützende Hüllen werden gesprengt, welke Nektarröhren straff hoch in die Luft gehoben, zerknitterte Kelchblätter gebläht und mit Bügelfalte geplättet. Ganz zum Schluß kommt das Parfum. Verschwenderisch wird es mit zunehmender Dunkelheit immer betörender zerstäubt. Die köstlichen Nuancen sind Dessert und Digestiv. Creme Caramel, Mandelkonfekt, Champagner-Sorbet, all dies verfliegt verführerisch lockend zwischen Nase und Gaumen. Allein das menschliche Gehirn bringt die süße Imagination hervor. Es vergleicht die vom Riechfeld der Nase her eingehenden Informationen mit der Summe aller bisherigen Dufterfahrungen: Ah! das riecht ja wie ... , die Überraschung ist perfekt.

◁◁Abb. Seite 78/79
18. August 1995
22 Uhr 45 bis 3 Uhr 30
Oenothera odorata 'Sulphurea'
Wohlriechende Nachtkerze
Farbfotografie

Berühmte Nachtfalterblumen
Die Nachtkerze, hier *Oenothera odorata 'Sulphurea'* (→ Abb. oben und Seite 78/79) und die Königin der Nacht *Selenicereus grandiflorus* (→ Abb. rechts). Die Heimat der Kaktee ist Mexiko. Sie stellt der Naturforscher Anton Kerner von Marilaun in seinem Werk 'Pflanzenleben' aus dem Jahre 1888 anschaulich dar.

Schnüffeln und schnuppern

Diese beiden Atemtechniken erschließen die unzähligen Duftnuancen einer Blüte am besten. Nur sie garantieren, daß soviele Duftmoleküle als möglich an den Riechhärchen der oberen Nasenhöhle vorbeistreichen. Mit Zettel und Bleistift wird die abendliche Schnüffelei zum genüßlichen Kinderspiel, das Errochene zur lecker klingenden Speisenkarte, aber auch zur soliden Basis weiterführender gestalterischer Arbeit. Von Natur aus sind dabei Augen und Ohren, die hinderlichsten Konkurrenten beim Erfassen der Duftnoten, außer Gefecht gesetzt. Umgeben von Finsternis und einer merklich geminderten Geräuschkulisse, wird die schnuppernde Nase höchstens durch ein Minimum an optischen oder akustischen Reizen abgelenkt.

Die Königin der Nacht

Wie wäre es mit einem Sommernachtsfest oder Hauskonzert aus Anlaß dieses Schauspiels? Einer unansehnlichen Kaktee zu Ehren ist solch ein illustres Vergnügen längst Legende. Als 'Königin der Nacht' (→ Abb. links) gelangte die prächtige, nach Vanille duftende Blüte von *Selenicereus grandiflorus* zu Weltruhm. Ihr Zauber währt nur wenige Stunden, denn nicht weit nach Mitternacht fallen die faszinierenden Blütenschöpfe mit einem rötlichen Hauch von Pfirsichwangen schlaff und unwiderbringlich in sich zusammen. Immerhin bis in die frühen Morgenstunden verströmt die schönste der Nachtkerzen *Oenothera odorata 'Sulphurea'* (→ Abb. links und Seite 78/79) ihren citrusartigen Duft, bevor auch sie, errötet von der Anstrengung der Nacht, verwelkt.

5. August
1994
22 Uhr 45
bis 3 Uhr 30
Zaluzianskya capensis
Sternbalsam
Farbfotografie

Schlafende Blüten

Tagsüber schläft, wer nachts auf den Beinen ist. Pflanzen, die mit ihrem süß duftenden Honignapf mehrere Nächte hintereinander Motten, Schwärmer und andere Insekten zum Blütenbesuch verführen, halten Fensterläden und Jalousien während heißer Sommertage fest verriegelt. Schmutzig grün oder bräunlich purpur gefärbt werden die nach oben geklappten Unterseiten der Blütenblätter zur schützenden Tarnkappe, wie zum Beispiel bei der nachtduftenden Levkoje (→ Abb. 1), der Spaltkrone (→ Abb. 2) und dem Sternbalsam (→ Abb. 3). Nektardiebe haben kaum eine Chance. Zudem schützt sich die Pflanze so vor unmäßigem Wasserverbrauch und Überhitzung. Jeder Nordländer, der sich bei seinem Besuch in südlichen Zonen jemals dem täglichen Schließen von Fenstern und Läden widersetzte und beides, in seinem Bedürfnis nach Licht und Sonne um die Mittagszeit weit aufriß, weiß um den Sinn dieser Gewohnheit und um die Annehmlichkeit schattiger Kühle im Haus.

Röhrenblume für lange Rüssel

Aus botanischer Sicht gehört der größte Teil der nachtduftenden Pflanzen zum Gestalttypus der Röhrenblume. In der Tiefe enger Blütenhülsen ist der Nektar versteckt und nur Insekten mit langen Saugrüsseln können ihn bergen. Meist handelt es sich dabei um Schwärmer, wie zum Beispiel das Taubenschwänzchen oder auch der Hummelschwärmer. Ihr Stoffwechsel ermöglicht ihnen Höchstleistungen im Schwirrflug. Kolibriähnlich verharren sie fliegend vor den hoch in die Nachtluft gereckten Blüten, blitzschnell wird der Rüssel ausgerollt, in die Blütenröhre eingeführt und ausgeschlürft, was zu holen ist. Für das Insekt kaum merklich vollzieht sich dabei der Akt der Bestäubung. Je nach Entwicklungsstadium der Blüte wird mitgebrachter Pollen auf der Narbe abgestreift oder erneut Pollen von den Staubbeuteln aufgeladen. Der betörende Blütenduft weist den Tieren oft über hunderte von Metern den Weg zur Nektarquelle. Beim Landeanflug wird die fluoreszierende Blütenfärbung zum Leuchtfeuer, der stark gegliederte Blumenumriß zum Leitstrahl. Leicht läßt sich dies in einer Abwandlung des Blindekuhspieles nachvollziehen. Spielfeld ist dabei der dunkle Garten mit seinen erblühten Nachtfalterblumen, oder man holt eine im Topf gezogene Pflanze ins nächtliche Zimmer, löscht das Licht und begibt sich schnuppernd auf die Suche nach der Duftquelle. In der Kühle des Abends und mit abnehmendem Tageslicht werden die Pflanzen munter. An Sommertagen, die von ähnlichen Witterungsbedingungen bestimmt sind, bleiben die Blüten zwar duftlos, aber ebenfalls ganztägig geöffnet.

Nachtviole - Veilchen der Nacht

Die Nachtviole schläft von Natur aus mit offenen Augen. Ihre Blütenfärbung reicht von Weiß bis veilchenfarben Violett (→ Abb. 4 und 5), der nächtlich im Mai und Juni verströmte Duft erinnert nicht minder

1

2

3

4

5

1 Nachtduftende Levkoje
Matthiola longipetala ssp. bicornis
Sie duftet nach Nelken, Muskat, Kakao und Zimt.
2 Spaltkrone
Schizopetalon walkeri
Ihr Duft liegt zwischen Kokos und Waldmeister.
3 Sternbalsam
Zaluzianskya capensis
Zitronensorbet und Mandelkonfekt, die Delikatesse unter den Nachtdüften.
4/5 Nachtviole
Hesperis matronalis
Die Blütenfärbung reicht von Violett bis Weiß, ihr Parfüm ist veilchenartig.
6 Nickendes Leimkraut
Silene nutans
Die Gegenüberstellung des Naturforschers Anton Kerner von Marilaun ('Pflanzenleben' 1888) zeigt deutlich: tags sind die weißen Blüten geschlossen, nachts offen und honigartig duftend (→ Abb. Seite 84).

an das poetische Frühlingsblümchen. Etwas nostalgisch Wienerisches und ein Gout von Flieder und Federnelke haften ihm an. Sie ist eine unkomplizierte, zwei- bis mehrjährig im Gartenboden oder Blumentopf zu kultivierende Staude, ganz ähnlich den Nachtkerzen (→ Abb. Seiten 78/79, 80 und 97) und Leimkräutern (→ Abb. 6 und Seite 84). Wie ein großer Teil deren Verwandtschaft, so ist auch sie in unseren Breiten heimisch.

Entfachte Sammelleidenschaft

Nachtfalterblumen sind rund um den Globus in fast allen Vegetationszonen anzutreffen. In den gärtnerischen Sprachgebrauch übersetzt bedeutet dies, wer der Sammelleidenschaft verfällt wird überall fündig, bei den Zimmerpflanzen und Kakteen auf der Fensterbank (→ Königin der Nacht, Seite 80), bei den winterharten Gartenstauden (→ Nachtviole, oben), bei den einjährigen Sommerblumen für Balkon und Beet (→ Seite 84/85) und nicht zuletzt bei den langlebigen und frostfrei zu überwinternden Kübelgewächsen (→ Galan der Nacht, Seite 95 und Engelstrompete, Seite 98). Auf Etiketten und in den Pflanzenbeschreibungen von Katalogen und Büchern sucht man die Angabe der nächtlichen Aktivität meist vergebens. Neben einer sensiblen Nase, kombiniert mit detektivischem Spürsinn, ist die Kenntnis ihrer spezifischen Merkmale deshalb von besonderer Bedeutung. Dem Neuling in Sachen Nachtgärtnerei bieten die raschwüchsigen Wildpflanzen der Subtropen das dankbarste Experimentierfeld. Man findet diese in den Offerten spezieller Duftpflanzengärtnereien unter der Rubrik einjährige Sommerblumen. Die unscheinbaren Gewächse sind kaum höher als eine Handspanne, eher bescheiden und entwickeln sich schnell. Schon wenige Wochen nach der Aussaat verströmen nachtduftende Levkoje, Spaltkrone und Sternbalsam ihren betörend süßen Wohlgeruch (→ Abb. 1 bis 3 und Seite 84 bis 87).

6

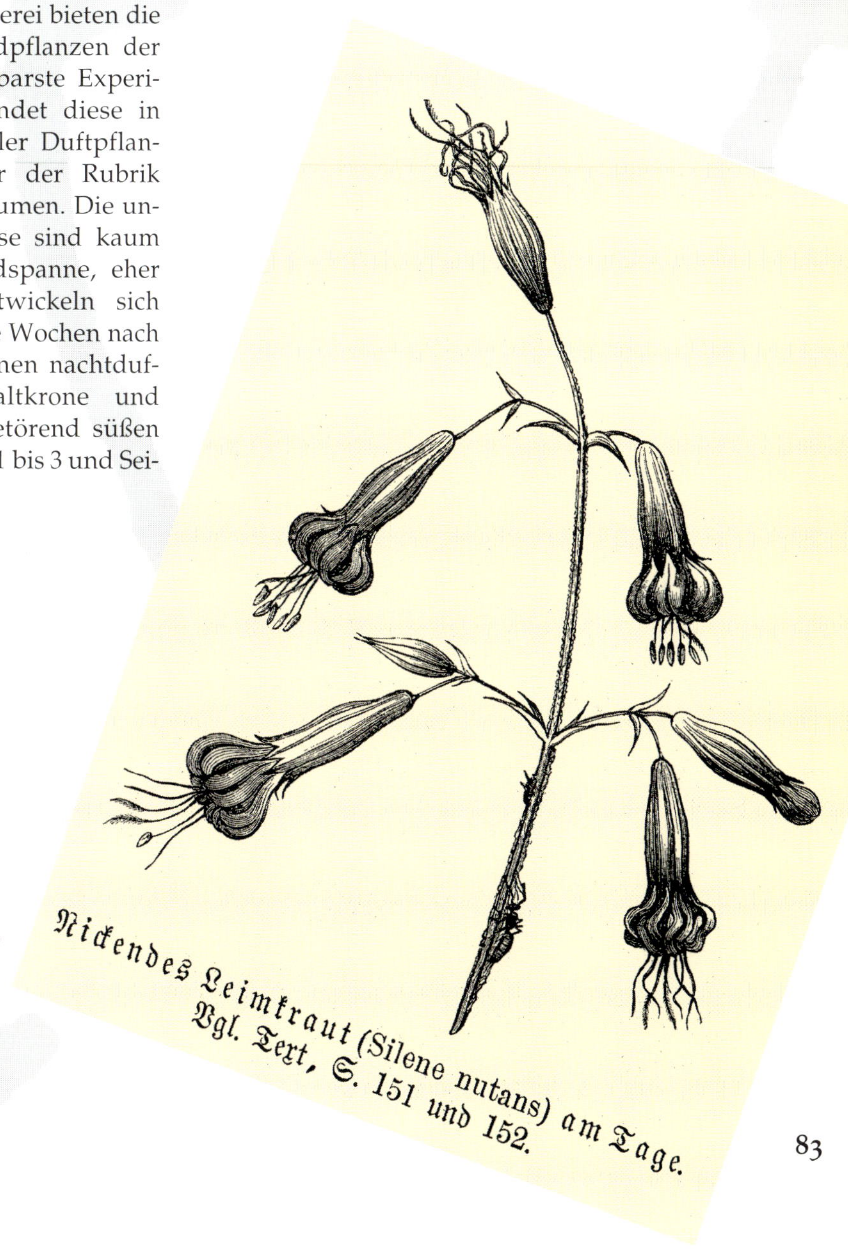

L' Heure Bleue

Das Farbpigment schafft die Verwandlung. Mit 'Pariser Blau' lackiert wird der schlichte Balkonkasten zum Parfümflakon, die nach Duftnoten und Blütenfarben zusammengefügte Pflanzengesellschaft zur Reminiszenz an L' Heure Bleue, den berühmten Abendduft von Guerlain. Circensisch, heiter und clownesk, so sind die Bilder, die das Parfüm der Petunie *'Blue Vein Surfinia'* in die Abendluft pinselt, Sternbalsam und Spaltkrone (→ Seite 82/83) fügen ihrerseits Nuancen von Mandel, Kokos und Zitrone hinzu. Der tagsüber duftende Elfenspiegel *Nemesia-Hybriden 'KLM'* schafft den Rahmen. Dank seiner hübsch blau-weiß gemusterten Blüten wird das Duftarrangement zugleich zum Augenschmaus.

Sommerlevkojen
Ihre gefüllt blühenden Sorten (→ Abb. rechts) duften sowohl am Tag als auch bei Nacht, ganz im Gegensatz zu den nachtduftenden Levkojen (→ Abb. rechts unten und Seite 82/83).

Einjährige Sommerblumen
Ein Ensemble zur blauen Stunde mit (von links nach rechts) Elfenspiegel, Sternbalsam und Petunie. Oben in Weiß die geöffneten Blüten der Spaltkrone.

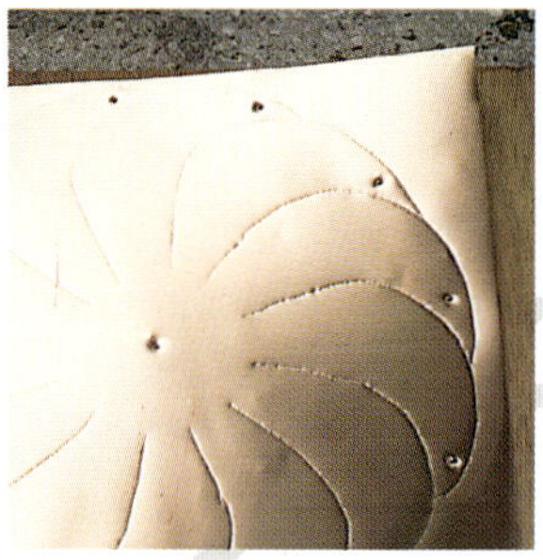

1. Rad vorbereiten

2. Flügelrad bauen

3. Achse montieren

4. Radlager vorbereiten

5. Radlager einsetzen

6. Achsenhalterung anbringen

Ein Duftrad für die Sommernacht

Zu ihrer höchsten Entfaltung benötigen Düfte den erwärmten, sacht bewegten Lufthauch, beides macht das Rad auf wundersame Weise sichtbar. Die von Kerzenlicht erwärmte Luft steigt auf, setzt den Quirl in Gang, der nun seinerseits und gleichmäßig kreisend das Blütendessert des Sternbalsams hinaus in die laue Sommernacht trägt.

Sie benötigen:

Für die Flügelradschablone
Transparentpapier, Bleistift

Für das Flügelrad und die Achse
Kupferblechstücke (Stärke 0,16 mm):
1 Ronde (Ø 20 cm), 2 Ronden (Ø 7 cm),
1 Schweißdraht (Ø 2 mm), 2 Korkhälften

Für den Sockel
1 Glasflasche, 1 Spiegelfliese (15 cm x 15 cm), 1 Pfennigmünze,
1 Kupferblech (7 cm x 7 cm),
1 Brett (in Kistenbreite),
4 Nägel (40 mm lang), 4 Stabkerzen

Zum Schmücken
Kupferblechreste, Schmuckdraht, Glanzpapier

Werkzeug und Hilfsmittel
Körner (Vorstecher), Allzweckschere, Metallfeile, Schraubzwingen, Magnet mit langem Stiel, Bohrmaschine mit Metallbohrer (Ø 1,5 mm), Hebelschneider, Alleskleber

So wird's gemacht:

1. Rad vorbereiten:
Die hier abgebildete Radschablone erst auf das Transparentpapier und dann auf die große Kupferronde übertragen. Die Punkte mit dem Körner stanzen.

2. Flügelrad bauen:
Beidseitig auf das Radzentrum eine kleine Ronde kleben, mittig durchstechen, das Rad ausschneiden.

3. Achse montieren:
Mit der Feile den Schweißdraht einseitig anspitzen, dazu wird die Feile mit den Schraubzwingen an der Tischkante befestigt. Rad und Korken auf den Draht spießen und alles am stumpfen Ende festkleben.

4. Radlager vorbereiten:
Mit Hammer und Körner eine Vertiefung in die Pfennigmitte schlagen, mit der Bohrmaschine vergrößern, bis sich die Drahtspitze reibungslos darin dreht. Die Münze nicht durchbohren.

5. Radlager einsetzen:
Die Flasche mittig auf die Fliese, den Pfennig mit dem Magneten innen zentriert auf den Flaschenboden kleben.

6. Achsenhalterung anbringen:
Kupferblechquadrat mittig durchstechen, über den Flaschenhals stülpen, Rad einsetzen und die Achse von oben her bis zur Flaschenöffnung mit Glanzpapier bekleben. Zur Dekoration der unteren Achse das Rad mit der Achsenhalterung entnehmen und auf den Kopf stellen. Die Kupferblechreste durchstechen und mit dem Schmuckdraht in den Löchern der Radspitzen befestigen.

Kerzen anbringen:
Das Duftrad auf dem Holzbrett plazieren, in gleichen Abständen am Fliesenrand die Nägel einschlagen, überstehen lassen, mit dem Hebelschneider die Nagelköpfe abkneifen. Mit einem Feuerzeug die Nägel erwärmen und die Kerzen daraufdrücken.

In der bemalten Obstkiste wächst Sternbalsam, oben quer thront das Rad. Völlig waagerecht stehend und mit lotrechter Achse läuft es am besten.

23. August 1994
23 Uhr 15
bis 3 Uhr 45
Nicotiana alata
'Grandiflora'
Großblütiger
Tabak
Farbfotografie

Nachtfalterblumen und mit ihnen verwandte Pflanzenarten, wie zum Beispiel der grün blühende *Nicotiana langsdorffii* aus Brasilien, versammelt in einer Galerie der norditalienischen Metropole Mailand. Ganz den südländischen Gepflogenheiten entsprechend, strömte das Publikum als das abendliche Blütenrecken und -duften begann.

Dämmergarten
Pflanzen von *Nicotiana sylvestris, Nicotiana alata 'Grandiflora', Nicotiana langsdorffii, Mirabilis jalapa, Crocosmia;* Holzstäbe gefärbt mit Farbpigment 'Pariser Blau', Ballentuch. Galeria Milano, Mailand 1989

Drehbühne der Dämmerdüfte

WOHLRIECHENDER TABAK
Nicotiana alata 'Grandiflora'
In der Sommerhitze scheinen die Blüten verwelkt.

Eine Pflanze ist zeitlebens im Boden verwurzelt, aber ihr Duft ermöglicht den Traum. Er schafft die Magie, durch die sie sich, an Ort und Stelle bleibend, gleichsam von sich selbst entfernt. Einfach und mit ganz traditionellen Methoden läßt sich dies visualisieren. In ein Gefäß gepflanzt erlangen Tuberose, Schöne der Nacht und Tabak (→ Abb. rechts, von links nach rechts) vereint mit rankenden Wicken und über den Kastenrand wuchernden Duftreseden, jene Mobilität, die ihrem Blütenduft lange schon eigen ist. Mit Rollen oder Rädern versehen, wird der schlichte Holzkasten vollends zur Drehbühne des nächtlichen Aufzugs.

Tabak - Tobak - Qualm?

Wenig bekannt ist, daß die Pflanzengattung *Nicotiana* aus der Familie der Nachtschattengewächse weitaus mehr zu bieten hat als *Nicotiana tabacum 'Havanna'* und *Nicotiana tabacum 'Virginia'*. Wird man näher mit ihren Reizen vertraut, ist auch der Nichtraucher suchtgefährdet. Die Blüten des handelsüblichen Ziertabaks *Nicotiana alata* sind weiß, rosa oder rot gefärbt und leider meist duftlos. Dafür sind seine Blüten auch am Tag geöffnet. Cremig schmelzend, leicht gewürzhaft, verbreitet sich weithin das Odeur der weißen Blüten von *Nicotiana sylvestris* (→ Abb. rechts und Seite 90) und *Nicotiana alata 'Grandiflora'* (→ Abb. links oben, unten und Seite 88/89). Näher kommend hat es etwas rücklings hypnotisierendes, ganz ähnlich jenen Substanzen, welche die Nase in den Blütenglocken der Engelstrompete (→ Abb. Seite 98) ausmacht. Olfaktorisch betrachtet ist die Tuberose *Polianthes tuberosa* nicht weit davon entfernt. Schlangenartig erwachsen ihre Knospen aus Grasschöpfen (→ Abb. rechts), die Blüten sind cremefarben, ihr Duft morgenländisch und schwer.

Die Schöne der Nacht und ihr Galan

Pinocchionase, rotblond und sommersprossig, so kommt die Schöne der Nacht daher. Der Duft von *Mirabilis jalapa* (→ Abb. rechts und Seite 94) hat etwas leichtfüßig beschwingtes. Er klingt hell, fruchtig und ein wenig wie Mango. *Cestrum parqui,* der Galan der Nacht (→ Abb. Seite 95), macht der Schönen den Hof. Das schwere Parfüm, das seinen moosgrünen Blüten entströmt, zählt zu den orientalischen Klängen. An schwülen Sommerabenden ist es im Garten über hunderte von Metern wahrnehmbar. Der Genuß des Blütenduftes ist in einiger Distanz zu den üppig blühenden Pflanzen am größten.

NICOTIANA SYLVESTRIS
In seinen großen, klebrigen Blättern sammeln sich die herabrieselnden Samenkörner.

NICOTIANA ALATA 'GRANDIFLORA'
In den Handel gelangt er auch unter der englischen Sortenbezeichnung *'Fragrant Cloud'*. Im Hintergrund die ebenfalls duftende, grünblühende Sorte *'Lime Green'*.

9. SEPTEMBER 1994
21 Uhr 30 bis 0 Uhr 15
Mirabilis jalapa
Die Schöne der Nacht
Farbfotografie

DIE SCHÖNE
DER NACHT
Mirabilis jalapa
Die Blüten des
Knollengewächses
sind vielfarbig
(→ Seite 92/93)
und tagsüber
geknüllt wie Papier.

20. SEPTEMBER 1994
20 Uhr 45 bis 1 Uhr 15
Cestrum parqui
Der Galan der Nacht
Farbfotografie

DER GALAN DER NACHT
Cestrum parqui
bei Tag betrachtet: Grünschimmernd ergießt sich im Spätsommer aus dem bis zu zwei Meter hohen, frostempfindlichen Strauch ein dichter Blütenregen
(→ Seite 92).

ENGELSTROMPETE *Datura* Vor dem von Streulicht erhellten Firmament bildet der Film die Blüten dunkler ab.

Nächtliches Blütenportra

Der Tageszyklus von Mensch und Pflanze ist gegenläufig: die Schönen der Nacht erblühen, der menschliche Geist kommt zur Ruhe. Bevor er vollends in den Schlaf sinkt, ist er für Feinsinniges besonders empfänglich. Nachts allein mit den Blüten wird das bloße Betrachten zum feierlichen Zwiegespräch. Stilles Einvernehmen, - die Unterhaltung vollzieht sich in der Sprache der Blume, tänzelnd offenbart sie sich durch ihren Duft. Die eigentümlichen Blütenaufnahmen in diesem Kapitel sind Gesprächsprotokolle dieser Zusammenkünfte. Stellvertretend für den Zuhörer lauscht die Kamera, ihr Film zeichnet auf, was die Pflanze erzählt. Das Prinzip ist einfach, auf die Blüten gerichtet bleibt der Verschluß über mehrere Stunden geöffnet. Seismographisch reagiert das Filmmaterial auf das glimmende Blütenlicht und seine Bewegung (→ Abb. links unten).

Restlichtfarben - Die Idee

Aus der Pflanzenbeobachtung und Hintergrundrecherche heraus entstand die Idee. In der Dämmerung schwinden alle Blütenfarben, ausgenommen jene der Nachtfalterblumen, sie entfachen ihr Leuchtfeuer. Wie Parabolantennen gegen den Himmel gerichtet und mit einer speziellen Blütentextur ausgestattet, vermögen sie selbst noch das geringste Restlicht einer mondlosen Nacht einzufangen. Gebündelt wird es zur Anlockung nachtaktiver Insekten reflektiert. Diese sind nicht nur mit einem hochsensiblen Geruchssinn ausgestattet, sondern auch mit einem ausgeprägten Wahrnehmungsvermögen für Restlichtfarben. Von Natur aus sind Licht und Farbe ähnlich flüchtig wie Gerüche. Um letztere spontan zu fixieren gibt es bis heute keine, einer Kamera vergleichbare, Apparatur. Licht dagegen läßt sich seit langem mittels der Fotografie künstlerisch bearbeiten.

Langzeitbelichtung

Das Werkzeug dieser Aufnahmen ist eine Fachkamera (→ Abb. oben). Auch Kleinbild- und Mittelformatkameras sind sehr gut geeignet, vorausgesetzt, sie lassen sich auf ein Stativ schrauben und für Langzeitbelichtungen nutzen.

ZAUNWINDE
Calystegia sepium
Langzeitbelichtungen fixieren die Bewegung ihrer Blüten und Blätter.

Studio im Glashaus mit Fachkamera, Nachtviole und allseitig abgedunkeltem Hintergrund.

Mechanische Kameras sind elektronischer Vollautomatik vorzuziehen, in der Regel erlauben sie unkompliziert eine beliebig lange Belichtungszeit. Nach Anbruch der Nacht wird der Auslöser zum ersten Mal betätigt, der Kameraverschluß öffnet sich. Ein zweiter Druck auf den Auslöser verschließt ihn vor Beginn der Morgendämmerung. Wer den Wecker überhört, verschläft und erst bei Tageslicht reagiert, ist zur Wiederholung des Experiments gezwungen, die Aufnahme ist überbelichtet (→ Abb. unten rechts). Verständlicherweise muß der Einfluß fremder Lichtquellen währenddessen völlig ausgeschlossen sein. Eine Blende von 5,6 sowie Kodak-Filmmaterial für Farbdiapositive und Tageslicht (Lichtempfindlichkeit 400 ASA) sind weitere Anhaltspunkte für den eigenen Versuchsaufbau. Darauf basierend resultiert eine optimale Belichtungszeit von vier bis fünf Stunden, tagebuchartig ist sie gemeinsam mit Datum und Name den Blütenportraits beigestellt.

Nachts sind Katzen nicht nur grau

Gegen den Himmel gerichtet bildet der Film das von Streulicht durchsetzte Firmament heller ab als die Blüte (→ Abb. links oben). Aus dieser Erkenntnis heraus entstand das Nachtstudio (→ Abb. oben). Mittels schwarzer Folie ist dunkler Hintergrund nun garantiert und der Lichteinfall zu steuern. Nachts sind Katzen nicht nur grau, diese Erfahrung erbrachte die weitere Auswertung der Aufnahmen. Kalt und weiß bilden sich die Farben in Vollmondnächten ab (→ Abb. oben rechts), dumpf, moosig grün dagegen bei Bewölkung und Regen (→ Abb. links unten und rechts). Großstadtbeleuchtung färbt das Licht grell orangegelb.

Nachtkerzen *Oenothera biennis* Vollmondlicht zeigt sie in kalten Farben und strahlend hell wie bei Tag.

Violettfarbene Nachtviolen im grünlichen Licht einer regnerischen Sommernacht (→ Abb. links) und überbelichtet (→ Abb. rechts).

21. Sept. 1994
20 Uhr 30
bis 0 Uhr 20
Datura
Engelstrompete
Farbfotografie

Salix - Die Weide

Dreidimensionales Bleistiftgekritzel in der Gartenluft: Der Winter ist die Zeit der Weide. Blattlos offenbart sie die grafischen Qualitäten ihrer Zweige. Es sind wachsende Linien, die mühelos den Raum bezwingen. Wie? Das zeigt sich am deutlichsten beim Betrachten der jungen Triebe (→ Abb. unten und Seite 100/101). Am Holz des vergangenen Jahres setzen sie an, erst behäbig und breit, dann energisch und mit gefährlich spitzem Schwung in den Winterhimmel auslaufend. Es scheint, als ob sie das frostkalte Firmament weit über ihr tatsächliches Ende hinaus eroberten. Weiden sind Zeichenkünstler. Ihr Können zeigen sie, wenn es friert. An allen Arten, die von alters her zu Flechtzwecken kultiviert werden, läßt sich dies besonders gut beobachten und für Naturstudien und deren zeichnerische Umsetzungen nutzen.

Von der Zeichnung zur Skulptur

Wer es mit den Korbflechtern hält und die Schößlinge während der Saftruhe schneidet, dem eröffnen sich die ungeahnten Möglichkeiten des Zeichnens in der dritten Dimension. Die frischen Ruten sind geschmeidig und biegsam. Sie lassen sich fast beliebig verformen (→ Seite 108/109). Mit Hilfe simpler Techniken verschmilzt Zweig für Zweig zu einem organisch aufgebauten Gebilde von archaischer Anmutung. Einmal vom Strauch getrennt und geformt, erstarren die Gerten in der Veränderung. Rindenfarbe und Textur wandeln sich mit zunehmendem Wasserentzug. Die geschaffenen Gebilde erscheinen ruhig, fragil und verwunschen entrückt. Über die Jahre ducken sie sich im Garten unter der Last von Regen und Schnee, werden brüchig und wanken (→ Abb. Seite 120 bis Seite 123). Gegenteiliges geht mit jenen Gebilden vor sich, deren Zweigen nicht Wasser entzogen, sondern zugeführt wird. Bereits nach kurzer Zeit schlagen sie Wurzeln, treiben Blättchen und die scheinbar erstarrte Skulptur strebt mit weiterhin glänzender Rinde himmelwärts. An einem Osterstrauß mit Weidenkätzchen kann jeder dieses Phänomen selbst beobachten (→ Abb. Seite 114/115).

Weidenlatein

Salix heißt die Weide in der botanischen Fachsprache. Zur Unterscheidung der unübersehbaren kosmopolitischen Weidenverwandtschaft, werden weitere Begriffe in lateinischer Sprache hinten angehängt. Sie sind Hinweis auf Aussehen, Herkunft oder Verwendung der vielgestaltigen Sträucher und Bäume. Die Riesen unter ihnen bringen es auf stattliche Wuchshöhen von bis zu zwanzig Metern, dazu zählen zum Beispiel die Silber- und Salweide (→ Abb. rechts). Dagegen schaffen die Zwerge kaum drei Handbreit. Oft kauern sie sich eng an den Fels der Hochgebirge und heißen Quendel-, Netz- oder Krautweide. Ob Kaschmir, Neufundland oder Turkestan, Weiden sind auf der ganzen Welt zu Hause. Allein das Verbreitungsgebiet der häufigsten Flechtweiden, *Salix purpurea* (→ Seite 105 Abb. 5) und *Salix viminalis* (→ Abb. unten) reicht von Europa über Nordasien bis nach Fernost. Im Sommer präsentieren sich die Büsche dicht belaubt. Sie sind über und über bedeckt von den lanzettlichen Blättchen mit silbrig behaarten Unterseiten. In diesem Wachstumsstadium ist es ein Leichtes, der fernöstlichen Verbindung nachzuspüren, denn ein Lufthauch genügt und der vertraute Weidenstrauch zeigt sich flirrend wie Bambus. Wer nicht fündig wird, der kann beim Anfertigen von nichtwachsenden Objekten auf manches zurückgreifen, was im Herbst beim Gehölzrückschnitt anfällt. Viele Hartriegelarten *Cornus* ähneln im Wuchs den Weiden. Und auch die gestalterische Ausdruckskraft der vielen einjährigen Schößlinge von Goldglöckchen *Forsythia*, Hasel *Corylus* oder Esche *Fraxinus* gilt es zu erforschen.

◁◁ Abb. Seite 100/101
Weidenkringel
Purpurweide
Salix purpurea.
Kunst- und Lustgärtnerei, München 1992

Korbweiden-Plantage
Salix viminalis
(→ Abb. links)
Durch jährlichen Schnitt treiben aus den Wurzelstöcken nur unverzweigte Ruten. Die flaumartigen Samen werden vom Wind verbreitet (→ Abb. oben).

WEIDENBLÜTEN
Die sogenannten Kätzchen haben goldgelbe Staubfäden. Sie zählen zu den ersten Frühlingsboten. Die Pflanzen sind zweihäusig, d. h. männliche und weibliche Blüten sitzen auf unterschiedlichen Sträuchern.

Rutenrot, Borkengelb und Knospengrün

Wenn die Blätter fallen, beginnt der Weidenglanz. Wer an einem heiteren Nachmittag im Spätherbst oder Winter von der Betrachtung im Gegenlicht abläßt, und mit der Sonne im Rücken auf einen Strauch zuschreitet, für den verwandelt sich die Weidenpflanze augenblicklich. Das anthrazitfarbene Linienspiel ihrer Triebspitzen wird zum Farben sprühenden Feuerwerk. Die Dotterweide (→ Abb. 4) hat es auf dem Gebiet der pflanzlichen Pyrotechnik besonders weit gebracht. Über große Entfernungen sichtbar, lodern ihre feuerfarbenen Zweige am Winterhimmel. Im Wettbewerb um die schönste Rindenfärbung folgen ihr Purpurweide (→ Abb. 5), Korbweide (→ Abb. 3) und Trauerweide (→ Abb. 2) auf dem Fuße. Sie kleiden sich in die köstlichen Farbnuancen von Reneclauden und Pomeranzen, jungem roten Wein oder frisch gepreßtem Olivenöl.

Die Farben des Winters

Die Farbentheorie siedelt das Rutenrot, Borkengelb und Knospengrün der Weiden auf dem Tertiärfarbkreis an. Sie verwendet für ihre Bezeichnung weniger leger klingende Begriffe wie Citrin (Dotterweide), Russot (Purpurweide) und Oliv (Korbweide). Wer die Weide farbig zu fassen versucht, muß also Farbtöne vermischen. Zuerst die reinen Farben des Sommers: Gelb mit Rot, Rot mit Blau und Blau mit Gelb. Was zum Vorschein kommt, ist der Herbst mit seinen warmen Nuancen von Orange, Violett und Grün. Fährt man fort und vermengt Orange mit Violett, Violett mit Grün und Grün mit Orange, erhält man die winterlich reduzierte Essenz sommerlicher Buntheit. Sie manifestiert sich mit festlichem Glanz in der Rindenfärbung der ein- und zweijährigen Weidentriebe.

Weidenschnitt und -lagerung

Die Zeit für Experimente mit frischen Ruten beginnt mit dem einsetzenden Laubfall und endet mit Erblühen der Weidenkätzchen. Die Saison läßt sich verlängern, wenn die Ruten erst kurz vor dem Austrieb geschnitten und im Freien kühl und feucht gelagert werden. Vor Austrocknung schützt ein übergeworfenes Stück Plane oder eine alte Decke. Durch wiederholtes Überbrausen hält man die Zweige feucht. Einmal ausgetrocknet, verlieren Weiden die Kraft, Wurzeln zu schlagen und Triebe zu bilden. Für den Bau von Objekten, die dieser Fähigkeit nicht bedürfen, ist das ganze Jahr über Zeit, denn die getrockneten Gerten können beliebig lange gelagert werden. Vor der Verwendung taucht man sie für zehn Tage in Wasser. Dadurch erhalten sie ihre Elastizität zurück. Der Rindenglanz jedoch bleibt verloren (→ Abb. 1).

Dicke Ruten, dünne Ruten

Ausschließlich der ein- und zweijährige Neuzuwachs eines Astes strebt nahezu linear, unverästelt und mit leuchtender Rindenfärbung nach oben (→ Abb. Seite 102). An älteren Büschen liegen die idealen Zweigpartien zudem in schwindelerregender Höhe (→ Abb. 100/101), oder sind gar nicht erst in ausreichender Menge und Qualität vorhanden. Dieser Aspekt macht sich bei der Rutenernte schmerzlich bemerkbar. Weidenkultivateure und Korbflechter schneiden ihre Büsche deshalb jeden Winter zurück, bis auf eine Handbreit über dem Boden.

1

2

3

4

5

1 Korbweide
Salix viminalis
Die Rinde der getrockneten Ruten ist braun gefärbt.
2 Trauerweide
Salix alba 'Tristis'
Ihre gebogenen, gelben Zweige eignen sich für skurrile Gebilde.
3 Korbweide
Salix viminalis
Die Rindenfärbung tendiert zum Oliv.
4 Dotterweide
Salix alba var. vitellina
Die frischen Triebe leuchten citrinfarben.
5 Purpurweide
Salix purpurea
Oben sind die Ruten russot-, unten olivfarben.

Das Resultat ist optimal: Der jährliche Zuwachs liefert schlanke Gerten, mit einer Länge von 50 cm bis 200 cm und Durchmessern von wenigen Millimetern bis zur Stärke eines Mittelfingers. Daumendick und annähernd vier Meter lang sind die Ruten, welche die Ernte im Zwei- oder Dreijahresrhythmus einbringt.

Woher nehmen?

Weiden sind genügsame Wesen. Nicht umsonst gehören sie als Pionierpflanzen zu jenen Gewächsen, die Brachflächen in Windeseile erobern. Ein zum Rutenlieferant erklärter Strauch in einer entlegenen Gartenecke bedarf keiner aufwendigen Pflege. Flechtwerkstätten bieten die Ruten, sortiert nach Länge und Stärke, zum Kauf an. Ebenso Weidenplantagen, die die Pflanzen im Großen kultivieren. Diese Firmen führen meist auch getrocknete Weide, - geschält, gesotten oder gebleicht, in ihrem Sortiment. Bezugsquellen nennt zudem der Anhang dieses Buches. Bei der Materialsuche in der Natur braucht man meist nicht weit zu gehen. An Straßenböschungen werden Korb- und Purpurweiden aufgrund ihrer Wuchsfreudigkeit und Anspruchslosigkeit mittlerweile häufig zur Bodenbefestigung angepflanzt.

Noli turbare circulos meos
Geschälte und gebleichte Weidenruten.
Landesgartenschau, Ingolstadt 1992

Kritzeln, kringeln, kreisen, Kranz

Kräftemessen mit der Weidenrute
Einfache handwerkliche Techniken wie schlingen, knoten oder flechten machen den Weg zum Ziel.

Weiden sind Musketiere: Die federnde Spannkraft des Holzes macht ihre Ruten zu Degen. Mit Schwung durch die Luft gezogen, fordern sie gefährlich schnalzend zum Duell. Die Arbeit mit ihnen ist Kräftemessen. Weiden sind Magier: Ihre himmelwärts strebenden Zweige sind die Pfade, auf denen sich der mit ihnen Hantierende geradewegs in sich selbst verliert. Erst mit Beenden der Arbeit kommt er frei. Weiden sind Handschmeichler: Verführerisch glänzend lädt die junge Pflanzenhaut zur Berührung. Samtig, ohne wie Samt zu sein, präsentiert sie sich den darüber streichenden Fingerkuppen. Kühl und mit dem Duft von gegerbtem Leder, laufen die geschmeidigen Ruten durch die knetende Faust.

Weg und Ziel

Das gertenschlanke Pflanzenmaterial hat viele Fähigkeiten. Wer sich darauf einläßt, dem ist es ausdrucksstarker künstlerischer Werkstoff, oder - wohltuendes therapeutisches Medium. Denn im Verein mit einfachen handwerklichen Techniken, voll von rhythmischem Gleichmaß, wird bereits der Weg zum Ziel. Mit archaischen Handgriffen, wie schlingen, knoten oder flechten beschäftigt, versinkt der Gestaltende in sich selbst. Gedankenverloren geht die Arbeit mit den sich kraftvoll in der Hand gebärdenden Ruten vonstatten. Die Befriedigung, die diese Konzentration mit sich bringt, ist oftmals weitaus tiefer, als jene, welche die stolze Betrachtung des gelungenen Werkes nach sich zieht.

Auf der Spur

Der Weidenneuling kommt den Kräften der Ruten am schnellsten auf die Schliche, wenn er den Hinweisen des Strauches folgt (→ Abb. Seite 100/101 und Seite 102). Ohne Scheu kann er es ihm gleichtun und mit den Triebspitzen der Gerten unsichtbare Zeichen in die Luft kritzeln. Dazu wird eine Rute an ihrem

Rhythmisches Gleichmass
Das Gewinde verdichtet sich mit jeder in den Kreis eingefügten Rute.

unteren Ende gefaßt und mit Schwung schnalzend durch den Raum gezogen. Ein breites Kräftespektrum erschließt sich jedem Gestaltenden, wenn er unterschiedliche Zweigdurchmesser und Rutenlängen erprobt.

Der Kreis beschützt

Die Gesten der Hand werden strukturierter und die fahrigen Zeichen zu Kringeln. Wer sie fassen möchte, greift nun, mit der freien Hand, nach der Triebspitze des Zweigs (→ Abb. links oben). Ein sachter Zug führt Anfang und Ende zusammen. Beide kreuzen und schlingen sich ineinander zum Kranz (→ Abb. rechts). Mit weiteren Zweigen verdichtet er sich (→ Abb. links unten). "Kritzeln", "kringeln", "kreisen", "Kranz", - es ist ein Leichtes, sich vorzustellen, daß in der antiken Welt auf diese Weise die symbolträchtige Schmuckform des Kranzes entstand. Ein Bekränzter weiß sich behütet. Wer innerhalb des Kreises steht, ist stets beschützt. Das Herkunfts-Wörterbuch bestätigt die Vermutung: »Kreis: Mhd., ahd. kreiz, "Kreislinie; Zauberkreis". Das Wort hatte ursprünglich Geltung im magisch-religiösen Bereich.«

Noli turbare circulos meos

Es ist das Jahr 212 vor Christi Geburt. In einem Garten der griechischen Stadt Syrakus ist der Erdboden die Zeichenfläche. Während die Römer die Stadt erobern, kritzelt der Mathematiker Archimedes geometrische Figuren in den Sand. Als ein römischer Legionär in den Garten eindringt, begrüßt er ihn mit den Worten: »Noli turbare circulos meos«, störe meine Kreise nicht! Die linearen Zweige der Weide scheinen in einer seltsamen Wesensverwandtschaft mit jenen Worten der deutschen Sprache verbunden zu sein, die kreisförmige Figuren beschreiben. Wer weiter in Wörterbüchern stöbert, wird schnell fündig. "Kritzeln" zum Beispiel, ist eine Verkleinerungsbildung des mittelhochdeutschen Verbs "kritzen" (einritzen). Unschwer zu erkennen ist die Verbindung zu "Kreis", im Sinne von eingeritzte (kreisförmige) Linie. "Kringel" und "Kranz" führen noch eindeutiger zum Weidenstrauch. Beide Worte entstammen der indogermanischen Wurzel "ger-", die mit einem Anhängsel versehen, Gedrehtes, Gebogenes und Gekrümmtes, aber auch Gewundenes und Geflochtenes beschreibt.

Anfang und Ende kreuzen sich und werden mit sachtem Zug ineinander geführt. Es entsteht die Symbolform Kranz.

Weidenspalier mit Kanarienkresse
Für die Kletterpflanzen mit den hübschen gelben Blüten (→ Seite 139) sind hinter dem Spalier eigene Pflanzkästen aufgestellt (→ Seite 112/113). Die farbenfrohen Balkonkastenblenden (→ Bezugsquellen) machen sie unsichtbar.

Weidentipi im Garten (→ Abb. rechts) Das Geflecht entsteht durch Verschränken der Ruten (→ Abb. oben). Alle Zweige enden im Boden. Mit reichlich Wasser beginnen sie zu treiben (→ Abb. unten).

Weidenspalier und Indianertipi

Die Wuchskraft der frischen Weidentriebe läßt sich phantasievoll nutzen. Ein Spalier auf dem Balkon (→ Abb. Seite 110/111) oder ein Indianertipi für Kinder (→ Abb. oben), - beides beginnt zu wachsen, wenn zwei Voraussetzungen erfüllt sind: genügend Bodenfeuchtigkeit und eine Flechttechnik, die den Ruten den Kontakt zur Erde gestattet. Weiden lieben das Wasser. Vor allem zu Beginn des Wurzelwachstums, gießt man lieber zuviel als zuwenig. Eingepflanzte Geflechte wachsen im Wasser stehend am besten, - Kästen für Rankgerüste werden deshalb mit Folie ausgekleidet. So ist garantiert, daß belaubte Spaliere (→ Abb. links unten) mit einem großen Wasservorrat versorgt werden können. Da die Gebilde den Winter im Freien verbringen, müssen die Pflanzgefäße frostfest sein. Der Wasserbedarf der Weide läuft dem Bedürfnis anderer Gewächse zuwider. Soll ein Weidenspalier erfolgreich mit Kletterpflanzen berankt werden, stellt man für sie ein zweites Pflanzgefäß daneben. Dort erhalten sie die ihren Bedürfnissen angemessene Pflege. Weiden sind anspruchslos, dennoch wächst ein eingepflanztes Spalier besser, wenn es von Zeit zu Zeit etwas Dünger erhält.

Expansives Wurzelwachstum

Ob Sonne, Halbschatten oder Schatten spielt bei der Platzsuche für ein wachsendes Flechtwerk im Garten keine große Rolle. Viel wichtiger ist die Überlegung, daß Weidenwurzeln weit in die Umgebung ausschwärmen. Anderen Gewächsen bleibt auf demselben Terrain kaum eine Chance, Gras ausgenommen. Das expansive Wachstum kann man einzäumen. Dazu gräbt man senkrecht aneinandergereihte Betonplatten, oder Blech- und Kunststoffbänder mit etwas Abstand rings um das Flechtwerk in den Boden ein. Eine Tiefe von etwa dreißig Zentimeter ist ausreichend, denn Weiden sind Flachwurzler.

Anschneiden und stecken

Die Flechthöhe hängt von der Rutenlänge ab. Die verwendeten Weiden sollten so lang wie möglich sein. Ihr Durchmesser darf eine gewisse Stärke nicht überschreiten, denn zu dicke Ruten lassen sich schlecht flechten. Alle Gerten werden unten mit einer Baumschere schräg angeschnitten. Dies sichert die optimale Wasseraufnahme und erleichtert das Einstecken in den Boden. Die Einstecktiefe und der Rutenabstand betragen jeweils fünfzehn Zentimeter. Für ein Tipi ordnet man die Gerten kreisförmig an. Die Stelle für den Eingang bleibt frei. Wenn der Kreisdurchmesser einer Rutenlänge entspricht, kann es oben geschlossen werden. Für ein Spalier setzt man die Weiden in gerader Linie in die Erde, - oder in die Bohrungen einer Holzlatte in Kastenlänge, wenn es eingepflanzt werden soll. Die Latte wird im Gefäß festgeklemmt, mit Steinen beschwert, Erde aufgefüllt.

Tipi flechten in Etagen

Egal ob rund oder in Reihe, bei beidem benötigt man zum fehlerfreien Flechten eine gerade Anzahl an Ruten. Zusätzlich wird jeweils außen eine zweite Rute neben die erste gesteckt. Zu Beginn und am Ende eines jeden Flechtumgangs biegt man die nach außen laufenden Flechtruten vorsichtig um sie herum, und flicht sie beim nächsten Umgang wieder mit ein (→ Abb. rechts oben). Gearbeitet wird in Etagen, begonnen jeweils rechts. Die Saumrute zählt nicht mit. Die Flechtrute Nummer eins orientiert sich in der ersten Etage, gemeinsam mit allen ungerade bezifferten Gerten, schräg nach links oben. Die Ruten mit gerader Nummerierung laufen in der Gegenrichtung, schräg nach rechts. Dabei überkreuzen die ungerade bezifferten Gerten, jeweils vorne, jene mit gerader Zahl (→ Abb. links oben). In der nächsten Etage ist es umgekehrt und so fort. Die Kreuzungspunkte werden mit Schnüren aus Naturmaterialien, wie Sisal oder Hanf fixiert. Diese können nach der Arbeit wieder entfernt werden, andernfalls lösen sie sich unter dem Einfluß von Regen und Wind von selbst auf. Wenn das Tipi eine gewisse Höhe erreicht hat, kann man die Flechtwand oberhalb des Eingangs verbinden. Auch hier werden die aufeinander zulaufenden Flechtruten in Etagen überkreuzt und zusammengebunden (→ Abb. unten). Durch die nach oben hin sich verjüngenden Gerten, schließt sich das Tipi von selbst. Ist dies nicht der Fall, hilft man beim Flechten mit leichtem Druck etwas nach. Zum Schluß werden die Rutenenden ineinander gedreht (→ Abb. rechts Mitte) und ein Flechtkranz als Krone aufgesetzt (→ Abb. rechts unten und Seite 108/109).

Die auslaufenden Flechtruten biegt man um den Saum und flicht sie wieder mit ein.

Die Rutenspitzen werden zum Abschluß ineinander gedreht und verflochten.

Ein Weidenkranz ziert das Dach. Sein Durchmesser entspricht dem der Öffnung.

Über dem Eingang werden die Ruten ebenfalls in Etagen verschränkt und zusammengebunden. Die Schnüre erleichtern die Arbeit und können nach dem Flechten gelöst oder am Tipi belassen werden, bis sie verwittern.

Frühlingshauben - Ostertürme

Ihrem traditionellen Gebrauch entsprechend, benutzt man dünne Ruten zum Fixieren des Geflechts. Die Knoten sind Gestaltungselement und werden nach dem Flechten nicht entfernt.

Erst zeigen sich an den im Wasser stehenden Skulpturen nur winzige Ausstülpungen. Diese weiten sich und werden zu Wurzeln. Reinweiß mit rötlich unterlaufenen Spitzen verästeln sie sich im Glasgefäß.

Wasser und Weide

Beides gehört zusammen und steht dennoch im Gegensatz zueinander. Der Kontrast verstärkt sich durch das Glas. Gegenüber einem Tipi oder Spalier haben die Skulpturen ein handliches Format. Sie sind eine lebendige, kurzzeitige Zimmerdekoration, zum Beispiel zu Ostern. Danach pflanzt man sie ins Freie oder läßt sie eintrocknen.

So wird geflochten

Die Flechttürme sind gefertigt wie ein Tipi oder Spalier (→ Seite 112/113); jedoch fortlaufend und ohne Saum. Als Basis dient ein geflochtener Kranz (→ Abb. unten und Seite 108/109), als Bindematerial nicht Schnur sondern Ruten (→ Abb. links). Oben flicht man zusätzlich eine Partie quer. Bei den haubenartigen Gebilden werden die im Kranz steckenden senkrechten Gerten auch zum Hin- und Herflechten benutzt (→ Abb. unten). Dazu dürfen sie nur vorsichtig gebogen und nicht geknickt werden, sonst treibt das Geflecht nicht aus.

Kränze treiben im Wasser aus.

Flechthauben zeigen grüne Triebspitzen.

Orientalische Waldrebe
Fermentierte Weidenruten, Pflanzen von *Clematis orientalis*. Kunst- und Lustgärtnerei, München 1993

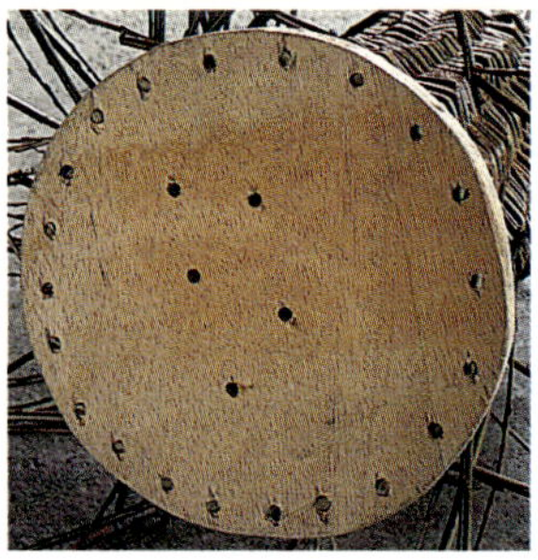

1. Grundplatte vorbereiten

2. Hasenrumpf flechten

3. Kopf flechten

4. Ohren vorbereiten

5. Ohren flechten

6. Ohren abschließen

Mümmelmann

Weidengeflechte können von außen mit Kletterpflanzen berankt (→ Abb. Seite 122/123), oder von innen her mit keimendem Gras, Kresse oder Getreide begrünt werden. Letztere Möglichkeit verhilft dem Flechthasen Mümmelmann zu seinem grünen Frühlingsfell (→ Abb. rechts). Die Figur wird geflochten und mit einer Mischung aus Erde und Weizensamen gefüllt. Hält man das ganze gleichmäßig feucht und bei etwa achtzehn Grad, sprießt das Fell nach einer Woche. Dann braucht es viel Licht, Wasser und Nährstoffe sowie kühlere Temperaturen. Der Hase ist achtzig Zentimeter hoch, je kleiner er werden soll, um so dünner müssen die Flechtruten sein.

Sie benötigen:

Zum Flechten
2 Handvoll dünne Ruten

Für die senkrechten Staken
26 dicke Weidenruten (Länge 80 cm)

Als Grundplatte und Dekoration
1 Holzscheibe (Ø 20 cm, Stärke 2 cm),
2 Puppenaugen oder Holzperlen,
Weizensamen, Erde

Werkzeug und Hilfsmittel
Bohrmaschine mit Holzbohrer (er muß denselben Durchmesser wie das dicke Ende der Ruten haben), Baumschere, Messer, Schnur, Alleskleber

So wird's gemacht:

1. Grundplatte vorbereiten:
Zum Einstecken der Staken werden 21 Löcher mit 1 cm Abstand zum Rand in die Platte gebohrt. Eine ungerade, gleichmäßig verteilte Rutenmenge garantiert das fehlerfreie Hin- und Herflechten. Für die Hasenohren bringt man weitere 5 Bohrlöcher so im Zentrum an, wie es die Abbildung zeigt. Die Staken fest in die Bohrlöcher am Plattenrand stecken und zu dicke Ruten mit dem Messer einpassen. Die Bohrungen in der Mitte bleiben zunächst frei.

2. Hasenrumpf flechten:
Bis in Höhe des Kopfes wird mit zwei parallel liegenden Ruten geflochten. Am einfachsten geht es, wenn man bei jedem Flechtgang mit den beiden übereinander gelegten Triebspitzen beginnt. Der Hase bekommt ein besonders schönes Fell, wenn Anfang und Ende der Ruten jeweils 10 cm aus dem Rumpf herausragen. Läuft ein Rutenpaar aus, wird es durch ein neues ersetzt. Jede Flechtetage drückt man dicht an die vorhergehende, damit später keine Erde durch das Geflecht rieselt.

3. Kopf flechten:
Der Hasenrumpf geht nahtlos in den Kopf über. Damit er sich gut sichtbar abhebt, wird nicht mehr mit Rutenpaaren sondern mit den einzelnen Ruten weitergeflochten.

4. Ohren vorbereiten:
Die restlichen Staken in die verbliebenen 5 Bohrlöcher stecken, sie bilden die Innenseiten der beiden Ohren. Die drei in einer Reihe liegenden Staken mit den 13 auf dieser Plattenseite angebrachten Staken des Hasenrumpfes an den Spitzen fest zusammenbinden. Die verbliebenen senkrechten Ruten oben fixieren.

5. Ohren flechten:
Beide werden jeweils einzeln 10 cm hoch geflochten.

6. Ohren abschließen:
Das Geflecht wird flach. Die Staken nebeneinander aufreihen und durch zwei Ruten in einem speziellen Flechtgang verbinden: eine Flechtrute liegt auf, die andere unter den Staken. In jedem Zwischenraum werden sie miteinander verdreht. Die Enden verflechten und nur mit einer einzelnen Rute 10 cm hoch weiterflechten. Für die Wölbung der Ohren das Geflecht zusammenklappen und jeweils zwei Staken gemeinsam umflechten. Oben die Stakenspitzen fest verknoten.
Hasengesicht gestalten: Für Augen und Nase je ein Weidenknäuel wickeln und mit dünnen Ruten festknoten. Die Puppenaugen aufkleben. Hase einsäen: Erde mit Weizen vermischen, von oben in den Hasenkörper füllen, angießen und bis zur Keimung mit Folie bedecken.

Salix und Malus

Weide und Apfel, umgeben von Schnee stehen sich die beiden Pole ergänzend gegenüber. Gerte und Frucht bedingen sich, sie stoßen einander ab und ziehen sich an. Spielbein und Standbein, die Weide drängt es hoch in die Luft. Ihr Wesen erscheint düster, fahrig wie Rauch und unzentriert. Der Apfel ruht in sich selbst, er tendiert zum Boden. Den Skulpturen verleiht er Licht und die ausgleichende Mitte. In Pflanzensagen, Märchen und Legenden ist die Stellung der beiden entsprechend. Dem Weidenstrauch haftet viel Negatives an, Äpfel dagegen genießen ein hohes Ansehen.

Unglücklicher Weidenbaum

Die Weide zählte nie zu den sogenannten glücklichen Bäumen. Aufgrund ihres Hangs zu feuchten Standorten wird sie mit unheilvollen Gewässern und trügerischen Sümpfen in Verbindung gebracht. Die Silhouetten von Kopfweiden sehen in Nebel und Dunst gespenstisch aus. Bei den Germanen galten die hohlen Baumstämme deshalb als Wohnsitz des Totengottes. Daß manche Kopfweiden in der Dunkelheit leuchten, läßt sich heutzutage erklären: Das morsche Holz ist von einem fluoreszierenden Pilzmyzel durchsetzt. Witwen und verlassene Bräute trugen einen Weidenkranz. Shakespeare dokumentiert diesen Volksbrauch in mehreren seiner Stücke. In "Hamlet" ertrinkt Ophelia im Fluß, als sie versucht, selbstgewundene Kränze am Zweig einer am Ufer stehenden Weide aufzuhängen.

Glücklicher Apfelbaum

Der Apfel steht für Liebesglück. Pausbäckig verweist er auf Lebenskraft und Fruchtbarkeit. Er ist das Attribut der Liebesgöttin Venus. Bei den Germanen pflanzte man Apfelbäume zum Schutz vor Blitzschlag neben das Haus. In einem anderen Zusammenhang verkehrt sich die ihm zugewiesene Symbolkraft ins Gegenteil: Nach dem Genuß der Frucht findet Schneewittchen den Tod. Auch die Symbolik der Weide ist ambivalent, wenn man bedenkt, wie rasch eine abgeschnittene Rute Wurzeln schlägt und erneut zu treiben beginnt. Der Strauch strotzt vor Lebenskraft, sein schlechter Ruf ist unbegründet.

Nichts bleibt wie es ist

Weidenskulpturen sind der beständigen Veränderung unterworfen. Über die Jahre bleibt nichts wie es war. Im Boden verankerte Ruten bringen frische Triebe. Der Neuzuwachs durchdringt die Flechtbereiche ohne Erdanbindung (→ Abb. rechts). Wird jährlich zurückgeschnitten, bilden sich Knoten und miteinander verwachsene Zweigpartien. Gleichzeitig nimmt der Rutendurchmesser erheblich zu. Nicht im Saft stehende Geflechte vergehen. Wind und Wetter lösen sie nach und nach auf. Ihre Anmutung ist morbide, sie ist reizvoll im Verein mit Kletterpflanzen. Eine gemähte Rasenfläche hebt die von *Clematis tangutica* überwachsene Weidenskulptur im Sommer besonders hervor (→ Abb. Seite 122 oben). Im Herbst erscheint sie illuminiert von den Fruchtständen (→ Abb. Seite 123). Im darauffolgenden Jahr steht dasselbe Flechtwerk zur Zeit der Clematisblüte im hohen Gras (→ Abb. Seite 122 unten). In der verwunschenen Höhle haben Kinder ihren Spaß.

Salix und Malus
Im Dezember 1992 sind Weide und Apfel Thema einer Ausstellung im Garten. Die Geflechte entstanden ein Jahr zuvor, im Frühjahr 1991. In den folgenden Jahren veränderten sie sich immer wieder aufs Neue (→ Abb. Seite 122 bis Seite 124).

SOMMER 1993
Das Geflecht beugt sich unter der Waldrebe *Clematis tangutica*. Der Rasen hebt die Skulptur hervor.

JULI 1994
Umgeben von hohem Gras haben Kinder ihren Spaß an der verwunschenen Höhle.

Herbst 1993
Die Waldrebe überdauert den Winter im Boden.
Zurück bleiben ihre illuminierenden Fruchtstände.

AUGUST 1995
Der Neuzuwachs der Weidenstele reckt sich geweihartig zum Himmel. Die Prunkwinde *Pharbitis nil* (→ Abb. Seite 139) erobert die Skulptur.

Klettermäxchen

Blattranke von *Eccremocarpus scaber* (→ Seite 139 und Abb. Seite 136).

Windender Spross von *Pharbitis purpurea* (→ Seite 141).

Blattstielranke von *Rhodochiton atrosanguineus* (→ Seite 144/145).

◁◁ Abb. Seite 126/127
Morning Glory
Pflanzen von *Pharbitis purpurea* (→ Seite 141); Gartenbank, Schale, Erde. Kunst- und Lustgärtnerei, München 1995

Der Zuchinisproß schiebt sich am Hang entlang, seine Spitze hebt ab (→ Abb. rechts). Das Kürbisgewächs ist ein einnehmendes Wesen, die Gestik seiner Ranken raumgreifend. Die Tentakelspitzen ertasten blindlings ihre Umgebung, sie beurteilen, ob das Gegriffene sicheren Halt verspricht und im richtigen Winkel nach oben führt. Kletterpflanzen besitzen Arme, Hände und sensible Fingerspitzen. Darüber hinaus sind ihre Triebe gut zu Fuß. Je nach Wuchstemperament und Ausprägung der Ranken erscheinen sie wild gestikulierend oder gemessenen Schrittes bedächtig bewegt. Rankende oder windende Gewächse bleiben nie dort, wo eine Pflanze hingehört. Sorglos frönen sie ihrer Wuchsfreude. Unbekümmert übertreten sie ständig die Grenzen, - auch zu unserem Lebensbereich. Läßt man sie gewähren, nehmen sie die menschliche Habe ungefragt in Besitz, überrennen Möbel- (→ Abb. Seite 126/127) und Kleidungsstücke (→ Abb. Seite 134/135). Ihr reichhaltiger Flor macht die vorgestellten, einjährig kultivierten Gewächse zu sommerlichen Schmuckstücken auf dem Balkon, der Terrasse oder im Garten.

Winden und ranken

Unzählige Mechanismen übernehmen die Aufgabe ihren labilen Sproß aufrecht zu halten: Mit schwingenden Spitzen sucht ein junger Windenstengel nach einer Klettermöglichkeit. Ist sie erspürt, wächst er schraubenförmig um sie herum (→ Abb. links Mitte). Bei anderen Pflanzen, wie der Schönranke, wurde ein Teil der gefiederten Blätter in Blattranken umgewandelt. Sie rollen sich ein, sobald die sensiblen Zellen an ihrer Rankenoberfläche eine Berührung melden (→ Abb. links oben). Das Rankende Rosenkleid festigt seinen lotrechten Wuchs mittels der raffinierten Blattstielranken (→ Abb. links unten).

1. Erde einfüllen

2. Unterseite schließen

3. Bohnen einsäen

Bohnensessel - Bohnenhut

Die Sitzfläche des Polstersessels quillt auf, Grün bricht hervor: Feuerbohnen bevölkern das rostfarbene Möbelstück (→ Abb. rechts). Hinter dem Hutband explodieren die Bohnen. Temperamentvoll erobern sie den Ausgeh-Hut (→ Abb. unten). Zum Keimen braucht es nur Wasser und Wärme, ganz ähnlich der Gartenkresse (→ Seite 14). Erst im fortgeschrittenen Wachstumsstadium werden Nährstoffe benötigt. Die Feuerbohnen auf dem Hut wachsen solange heran, bis die Nahrungsquelle im eigenen Kern versiegt. Mit Flüssigdünger, den man dem Gießwasser zusetzt, läßt sich ihr Leben verlängern. Beim Sessel übernimmt eingefüllte, nahrhafte Erde diese Aufgabe. Ein von Haus aus leichtes Substrat ist besser geeignet als ein schweres, denn wenn gegossen wird, nimmt das Gewicht der Pflanzerde noch mehr zu. Diese Tatsache spielt auch eine Rolle bei der Sesselauswahl: ein stabiles Möbel mit Holzrahmen ist vorzuziehen. Außerdem präpariert man den Bohnensessel idealerweise dort, wo er zum Wachsen belassen werden kann. Sowohl Hut als auch Sessel lassen sich im Zimmer begrünen. Gesundes, langfristiges Wachstum ist nur garantiert, wenn man beide im Sommer im Freien hält (→ Abb. Seite 132).

Sie benötigen:

1 Polstersessel vom Trödel,
Samen von Feuerbohnen *Phaseolus coccineus*, Erde

Werkzeug und Hilfsmittel
Handschaufel, Hammer, Nägel, Bretter in Sesselbreite, Teppichmesser, Folie

So wird's gemacht:

Die Bohnen keimen schnell, wenn man sie vor der Aussaat vierundzwanzig Stunden in Wasser einweicht.

1. Erde einfüllen:
Den Sessel auf den Kopf stellen und vollständig mit der Pflanzerde füllen.

2. Unterseite schließen:
Die Bretter mit etwas Abstand zueinander auf die Sesselunterseite nageln. Durch die Ritzen läuft das überschüssige Gießwasser ab.

3. Bohnen einsäen:
Den Sessel aufrichten. Die Polsterung der Sitzfläche kreuzweise mit dem Teppichmesser einschlitzen. Bohnenkerne in die Schlitze stecken. Den Sessel angießen und mit Folie bedecken. Sie wird abgenommen, wenn die Bohnenpflanzen gekeimt sind.

Charlotte Bernschneider
Feuerbohne
Phaseolus coccineus;
Filzhut, Wasser.
Kunst- und Lustgärtnerei,
München 1991

Bohnensessel
Pflanzen der Feuerbohne *Phaseolus coccineus*;
Sessel, Erde, Wasser.
Kunst- und Lustgärtnerei, München 1990

Phaseolus coccineus

Die Stengel der Bohnenpflanzen suchen peitschenartig schwingend nach Halt (→ Abb. links). *Phaseolus coccineus*, die Feuer- oder Prunkbohne gehört zu den Linkswindern unter den Kletterpflanzen. Unabhängig von äußeren Einflüssen kreisen die Triebspitzen beständig in derselben Richtung: von Osten über Norden, nach Westen. Andere Pflanzen, wie zum Beispiel den Hopfen, treibt es in die Gegenrichtung. Er schlingt sich rechts herum in die Höhe.

'PREISGEWINNER'
Im Wettbewerb um die größte Wuchshöhe kommt diese Sorte dem Himmel am nächsten.

Scharlachrot und wie ein Kanu

Der lateinische Gattungsname für Bohne ist *Phaseolus*. Er stammt aus dem Griechischen und beschreibt die kanuartige Form der Kerne (→ Seite 130 Abb. 3). Der Anhang *coccineus* definiert die Feuerbohne und bezieht sich, ähnlich dem deutschen Namen, auf die scharlachrote Blütenfarbe. Was dabei verschwiegen wird: Es gibt auch weißblühende Sorten. Ihres rasanten Wuchses wegen wird sie in England "runner bean" genannt. Ein britischer Samenkatalog nennt Sorten wie *'Lady Di'* und die Vorzüge von *'Royal Standard'*: »High quality bean, ideal for freezing and exhibitions.« fadenlos und bestens geeignet zum Einfrieren und für Ausstellungszwecke. Letztere hat eine andere Feuerbohnensorte erfolgreich hinter sich gebracht: *'Preisgewinner'*, - im Wettbewerb um die größte Wuchshöhe kam sie dem Himmel am nächsten (→ Abb. oben rechts). Die jungen zarten Hülsen sowie die rot-schwarz oder violett-schwarz gesprenkelten Samen werden als Gemüse gegessen.

'ROYAL STANDARD'
Ein britischer Samenkatalog preist die Vorzüge: »Fadenlos und bestens geeignet zum Einfrieren und für Ausstellungszwecke«.

Blumenbeete
Samen der
Kapuzinerkresse
Tropaeolum majus
und Feuerbohne
Phaseolus coccineus;
Frotteemäntel,
Etikettenstäbe,
Samentüten, Wasser.
Kuvataideakatemia,
Helsinki 1992

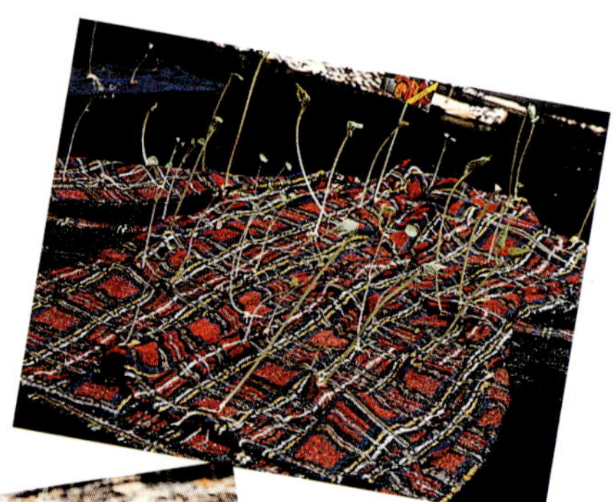

RUUSUPAPU
BLOMSTERBÖNA
Siemen Oy
9.00
Siemen Oy

ABC der Kletterpflanzen

Ihre Vitalität ist verknüpft mit sommerlanger Blüte. Diese erlischt im Herbst. Die Pflanzen sind frostempfindlich, bei Kälte sterben sie ab. Ihre lange Blütezeit steht im Gegensatz zum kurzzeitigen Flor der winterharten Gewächse (→ Abb. Seite 122/123). Vorgezogene Jungpflanzen gibt es selten, die Anzucht muß man selbst besorgen: ab April im Gewächshaus oder auf der Fensterbank. Bedingt durch ihre südliche Herkunft, setzt die Keimung erst ein, wenn ausreichend Wärme vorhanden ist. Später empfiehlt sich ein geschützter, sonniger bis halbschattiger Standort, gleichmäßige Feuchtigkeit und Nährstoffzufuhr.

Kletternde Löwenmäulchen

Asarina anthirrhiniflora (→ Abb. 6) und *A. barclaiana* (→ Abb. Seite 139) ähneln Löwenmäulchen. *Asarina scandens* (→ Abb. 5) erinnert an den Fingerhut. Unter allen Maurandien zeichnet sich diese Art durch die größten Blüten und die stärkste Wuchskraft aus. Auf ihrem Weg nach oben halten sich alle drei mit ihren Blattstielen fest (→ Abb. Seite 128). Das Laub von *Asarina anthirrhiniflora* und *barclaiana* ist efeuähnlich. Flächig und wie ein Gespinst überzieht es alles, was seine Blattstielranken zu fassen bekommen.

Thunbergien

Die Schwarzäugige Susanne *Thunbergia alata* in Weiß (→ Abb. 3) oder häufiger in Orange, schraubt sich pyramidenförmig nach oben. *Thunbergia gregorii* (→ Abb. 4 und Seite 2/3) wächst in Form einer Säule. Der Wuchs resultiert aus der linkswindenden Sproßbewegung: Egal ob Stab, Seil oder Nachbartriebe, alles wird umgarnt und zusammengezwirnt.

Glockenrebe, Schönranke und Tränendes Herz

Fädige Ranken führen diese drei Kletterpflanzen hoch zum Licht. Die Glockenrebe *Cobaea scandens* (→ Abb. 7) erobert die größte Fläche. Im Frühling ausgesät, blüht sie leider erst im Spätsommer. Wird die Pflanze frostfrei überwintert, erscheinen die Blüten bereits ab Mai. Die Schönranke *Eccremocarpus scaber* (→ Seite 139 und Abb. 2) wächst feingliedriger und mehr linear, - ganz ähnlich wie *Dicentra scandens* (→ Abb. 1), eine aufwärtsstrebende Verwandtschaft des bekannten Tränenden Herzens der Gärten.

1

2

3

6

5

7

1 Tränendes Herz
Dicentra scandens
2 Schönranke
Eccremocarpus scaber 'Tresco-Hybriden'
3 Schwarzäugige Susanne in Weiß
Thunbergia alata
4 Thunbergia gregorii
5 Grossblütige Maurandie
Asarina scandens
6 Kleinblütige Maurandie
Asarina anthirrhiniflora
7 Glockenrebe
Cobaea scandens

4

Das flauschige Pflanzenkissen wächst in einem Balkonkasten.

Gelbes Kissen - Blauer Vorhang

Der Federkern einer Matratze steckt im Inlett des fransigen Kissens aus Schönranke, Maurandie und Kanarienkresse (→ Abb. links). Im Wuchs gleicht der voluminöse Pflanzenverbund Sitzpolstern und flauschigen Decken. Wie ein leger übergeworfenes Plaid hängen die verfilzten Ranken von der Stuhllehne herab. Sie bauschen auf und verschleiern. Was von ihrer weich federnden Blattmasse bedeckt wird, erhält eine neue Gestalt. Diese ist kleingemustert bekleidet und von Blütenfarben durchwebt. *Asarina barclaiana* blüht in Pastelltönen, zwischen Violett und Rosé (→ Abb. rechts unten). In frechem Kanariengelb mit Fransen präsentiert sich die Blume der Kresse (→ Abb. rechts oben und Abb. Seite 110/111). Das Farbenspektrum von *Eccremocarpus scaber 'Tresco'* (→ Seite 136 Abb. 2) reicht von Fleischfarben über Lachs bis Orange und Rot.

Die Prunkwinde

Ein dichter Laubvorhang bedeckt den Holzbalkon des Gärtnerwohnhauses im schweizer Stil (→ Abb. unten). Die Winde schirmt die Blicke ab. Diese Sorte von *Pharbitis nil*, der Prunkwinde (→ Abb. rechts Mitte und Seite 124) ist starkwüchsig, unkompliziert und flächendeckend. Um den Balkon vollständig zu begrünen, wurden mehrere Holzkästen hintereinander auf der Brüstung plaziert. Die riesige Blätterwand verdunstet Unmengen an Wasser. Eine vollautomatisch betriebene Bewässerungsanlage garantiert, daß beständig nachgegossen wird. Auch an Nährstoffen darf es nicht fehlen. Aufgespannte Drähte und Schnüre gewähren den Pflanzen Hilfe beim Klettern. Ist ihr oberes Ende erreicht, greifen die Triebe ins Leere, sie kreisen vergeblich. Eine Stunde und zweiundvierzig Minuten benötigen die Sproßspitzen von *Calystegia sepium*, der gewöhnlichen Zaunwinde, für einen geschlossenen Kreisumlauf. In ähnlichem Tempo bewältigt die Prunkwinde die Strecke. Die Windenkelche öffnen sich früh am Morgen. Sie schließen sich bei zunehmender Tagestemperatur.

KANARIENKRESSE
Tropaeolum peregrinum

PRUNKWINDE
Pharbitis nil

MAURANDIE
Asarina barclaiana

PRUNKWINDEN kann man jährlich aussäen oder, wie diese Sorte, durch Stecklinge vermehren und frostfrei überwintern.

'Heavenly Blue'

In der Morgenfrische findet die Kühle der Windenblütenfärbung ihre Entsprechung (→ Abb. links). Tropische Temperaturen sind nötig, um die Pflanzen anzuziehen, die Blüten selbst lieben es kühl. Sie öffnen sich, -nur für ein einziges Mal, in der morgendlichen Dämmerung. Wird es heiß, kräuseln sie sich und verwelken. "Morning glory", der englische Pflanzenname trifft zu; *'Heavenly Blue'* beschreibt diese Sorte der Winde nicht minder. Das Blau des Himmels läßt sich nicht fassen. Ähnlich aussichtslos ist es, diese Blütenfarbe mit dem Fotoapparat authentisch zu fixieren. Während der kurzen Lebenszeit der Blüte ist das Blau in beständiger Veränderung begriffen. In der Beschreibung des Farbtons schwingt Mysthisches mit. Die Heimat der Pflanze ist der mexikanische und guatemaltekische Regenwald. Seine Bewohner nutzen die Samen seit Jahrtausenden für rituelle und magische Zwecke. Schamanen und Seher schlucken sie, um mit Göttern in Verbindung zu treten. Sie werden als gynäkologisches Heilmittel verwandt und gelten als Aphrodisiakum. Die psychedelisch wirkenden Samen enthalten Lysergsäureamide, wie sie auch im Mutterkornpilz vorkommen. Aus einem ihrer Bestandteile wurde das Rauschgift LSD abgeleitet.

Pharbitis purpurea

Sie ähnelt *Ipomoea tricolor*. Ihre Blüten sind kleiner und vielzähliger. Die Färbung reicht von Weiß, Rosa, Rosenrot und Karmesin bis hin zu Dunkelblau und Violett (→ Abb. Seite 126/127). Ihr Wärmebedürfnis ist etwas geringer, auch in ungeschützteren Lagen wächst sie noch gut.

Die Mondwinde

Die Knospen von *Pharbitis purpurea* (→ Abb. Seite 6) und *Ipomoea tricolor* erinnern an umgestülpte Waffeltüten; diejenigen der Mondwinde *Calonyction album* (→ Abb. rechts oben) an deren süß schmelzenden Inhalt: Sie muten an, wie kunstvoll auf die Eiswaffel getürmte Softeisschnecken mit Vanillegeschmack. Die Größe der abends sich entfaltenden Blütenteller übertrifft alle Erwartungen: Der Durchmesser beträgt bis zu zwanzig Zentimeter. Ihr Duft weicht ab von der Geschmacksrichtung, welche die Blütenfärbung assoziiert: Er prickelt und birgt Nuancen von Grapefruit. Morgens fällt die Pracht in sich zusammen. Die faszinierende nächtliche Schönheit hat ihren Preis: Die Pflanzen brauchen jede Menge an Wärme, der Kunstgärtnerin gelang die Anzucht nicht oft.

Mondwinde
Calonyction album

Prachtwinde
Ipomoea tricolor 'Heavenly Blue'

Kletterpflanzen bleiben nie dort wo sie hingehören. *'Heavenly Blue'* wächst auf einem Stuhl oder in der Badewanne (→ Abb. links).

Papageienwinde
Quamoclit lobata
Im Handel ist sie auch unter der älteren Bezeichnung *Quamoclit mina lobata* erhältlich.

Pharbitis nil
'Platycodon Flowered Picotee'

Sternwinde
Quamoclit vulgaris 'Cardinal'

Die Papageienwinde

Die Weidenruten jonglieren mit Spiralfedern (→ Abb. rechts). Sie halten sich tapfer rotierend oben auf der Höhe der Stabspitzen. Der Stahl der Polsterfragmente vibriert. Die Papageienwinde antwortet mit der federnden Bewegung ihrer Triebe. Große Hitze und eine entsprechende Prozedur zwingen die Stahlfäden in die Spiralform. Die Sprosse der windenden Pflanzen kräuseln sich von selbst (→ oben links). Ob in weiten oder engen Schleifen, ob links oder rechts herum, hängt von der Pflanzenart ab. Es gehört zur Aufgabe der windenden Sprosse, die Gewächse ans Licht zu befördern. Dorthin, wo die artspezifischen Bestäuber angesiedelt sind. Bei *Quamoclit lobata* sind es Vögel. Nicht etwa Papageien, wie der deutsche Name vermuten läßt, - er bezieht sich auf die Blütenfärbung. Was auf die Blumen fliegt, sind Kolibris. Mit ihren langen Schnäbeln saugen sie im Schwirrflug den Nektar aus den Blüten. Dem Sehvermögen der gefiederten Gäste entsprechend, präsentieren sich ihre Blüten in leuchtenden Papageienfarben: Die Knospen sind erst rot, dann orange und bei Erblühen leuchtend gelb gefärbt. Der Farbwechsel vollzieht sich von oben nach unten (→ Abb. oben rechts).

Sternwinde

Die Papageienwinde ist robust. Sie wächst auch noch in kühlen oder regnerischen mitteleuropäischen Sommern einigermaßen ansehnlich in die Höhe. Ihre Verwandte, die Sternwinde *Quamoclit vulgaris* (→ Abb. links unten) hält sich unter solchen Witterungsbedingungen lieber im Wintergarten oder zumindest unter einer überdachten Veranda auf. Kein Wunder, denn die Pflanze wurde im Jahr 1629 aus Indien eingeführt. Sie ist zierlich im Wuchs, ein Kleinod neben der von überbordender Blattfülle und handtellergroßen Blüten beherrschten Windenverwandtschaft. Die exotisch anmutenden Sorten der bereits vorgestellten Prunkwinde *Pharbitis nil* (→ Seite 139) mögen es gleichfalls warm und vor Zugluft sowie anhaltendem Regen geschützt. Der Variantenreichtum ihrer Blüten und Blätter ist faszinierend. Auf die Ähnlichkeit mit der Blüte der Ballonblume *Platycodon*, bezieht sich der Name der Pharbitissorte *'Platycodon Flowered Picotee'* (→ Abb. links oben). In die Richtung der Färbung von Kakaopulver tendiert der bräunlich unterlaufene Rotton von *'Chocolate'*. Die Blätter dieser Sorte sind sahnefarben marmoriert (→ Abb. unten).

Pharbitis nil 'Chocolate'
Wie die meisten Winden wurde auch sie von den Botanikern neu benannt. Früher hieß sie *Ipomoea imperialis*.

Blüten in Papageien-farben *Quamoclit lobata* in einer Holzkiste mit Spiralfeder-Gerüst.

LOASACEAE
Pflanzen von *Caiophora lateritia 'Frothy', Rhodochiton atrosanguineus,* Bartonie *Mentzelia lindleyi, Loasa tricolor, Mimulus aurantiacus* (→ Abb. Seite 76); Holzkiste, Stahlfedern, Zweige, Erde.

Loasagewächse

Brennwinde
Caiophora lateritia 'Orange Supreme'

Brennwinde
Caiophora lateritia 'Frothy'

Eine Holzkiste mit Rankgerüst läßt sich über mehrere Jahre hinweg immer wieder anders bepflanzen. Bevor der Wettbewerb der Klettermäxchen mit neuen Teilnehmern von vorne beginnen kann, muß lediglich die Erde ausgetauscht und die Stabilität überprüft werden. Der Charakter und das Temperament der Kletterpflanzen variiert. Jede Art bezwingt das Gerüst auf ihre Weise. Im Vorjahr tummelten sich Schwärme von rot-orangegelb gefärbten Papageienschnäbeln in den dichten Laubwipfeln von *Quamoclit lobata* (→ Seite 142/143). Zickzacklinien sowie Lampionblüten in abgedunkelten und aufgehellten Farben bestimmen diesjährig das Bild: Eingepflanzt sind das Rankende Rosenkleid *Rhodochiton atrosanguineus*, - und die Brennwinde *Caiophora lateritia* (→ Abb. links). Sie ist verwandt mit der Bartonie *Mentzelia lindleyi* sowie *Loasa tricolor*. Alle drei zählen zur Familie der Loasagewächse.

Die Brennwinde

Caiophora (→ Abb. rechts) gilt als Brennnessel unter den Kletterpflanzen. Ihre rauhen Stiele und gezackten Blätter sind mit dicht stehenden Brennhaaren besetzt. Ein gebührender Abstand zu ihr ist angemessen. Beim Einpflanzen empfehlen sich Handschuhe. Anfänglich schießen die jungen Triebe pfeilartig empor. Ihnen gegenüber verläuft das Wachstum der Prunkwinden geradezu diszipliniert und bescheiden einseitig ausgerichtet. *Caiophora lateritia* windet sich sowohl links als auch rechts herum: Die Brennborsten ertasten den gesuchten Widerstand. Auf ihre Meldung hin, wächst der Trieb umgehend in jede geortete Richtung. Kein Wunder also, daß Brennwindenstengel aussehen wie verbogenener Eisendraht (→ Abb. rechts unten). Gleichzeitig funktionieren die Brennborsten wie Klimmhaken. Abwärts gerichtet geben sie der Pflanze Halt bei ihrem Aufstieg.

Das Rankende Rosenkleid

Die vereinten Charaktere könnten kaum gegensätzlicher sein: *Rhodochiton atrosanguineus* wächst zierlich. Die Blüten sind perlenschnurartig aufgereiht. Sie bestehen aus zwei Teilen: oben sitzt der rosenrote Blütenkelch, unten die dunkel blutrot gefärbte Krone (→ Abb. unten). Mit ihren Stielen hangelt sich die Pflanze von Zweig zu Zweig oder an einem aufgespannten Bindfaden entlang (→ Abb. Seite 128). Sie ist wärmebedürftig.

Rankendes Rosenkleid *Rhodochiton atrosanguineus* (→ Abb. links), die Blüte gab ihr den Namen. *Loasa tricolor* (→ Abb. rechts) ist mit *Caiophora* und *Mentzelia* verwandt, wächst aufrecht und mit Brennborsten.

Saatplatterbsen und Duftwicken

Limonadenfarbene Erbsenblüte
Lathyrus chlorantha 'Lemonade'

Azurblaue Saatplatterbse
Lathyrus sativus

Die Duftwicke *Lathyrus odoratus* ist eine nahestehende Verwandte der Erbsen (→ Abb. links). Sie stammt aus Süditalien. Von dort kamen die ersten Samen im Jahr 1699 nach England und zu Caspar Commelin nach Amsterdam. Er bildet die Pflanze 1701 in einem medizinisch-botanischen Werk zum ersten Mal ab: Die Blüte ist zweifarbig, purpur mit himmelblau. Die grazile Anmutung wird unterstrichen durch die verzweigten Fadenranken am Ende der gefiederten Blätter. Commelin ist fasziniert von ihrem Duft. Bis 1880 beschäftigen sich Pflanzenzüchter nur am Rande mit der süditalienischen Schönheit. Die Zahl der Sorten ist gering. Das ändert sich, als vor allem englische Züchter ihre Liebe zu *Lathyrus odoratus* entdecken. Am 20. und 21. Juli 1900 findet im Londoner Crystal Palace die erste große Wicken-Ausstellung statt. Ein Zeitzeuge berichtet von der »hübschesten und wohlduftendsten aller Londoner Blumenschauen«. Im England der Jahrhundertwende galten Wikken im Knopfloch als chic. Entsprechend war das Angebot der Blumenmädchen von Piccadilly, Charing Cross oder Waterloo Station im Frühsommer. Etwa zeitgleich entstanden die sogenannten Weihnachtswicken. Sie werden im Glashaus so vorgezogen, daß sie im Dezember zur Blüte und in den Handel gelangen.

Hitze vermeiden

Die in einem Holzkasten wachsenden Wicken (→ Abb. rechts) repräsentieren die heutzutage erhältlichen Sorten: Alle Blütenfarben und -schattierungen sind vertreten, - reines Gelb ausgenommen. Im Angebot ist auch Zweifarbiges oder Getuschtes, wie zum Beispiel die Sorte *'Wiltshire Ripple'* (→ Abb. unten). Gleichmäßige Wärme, Feuchtigkeit und Nährstoffzufuhr sind wichtig, wenn die Wickenkultur gelingen soll. Trockene Hitzeperioden bereiten den Pflanzen ein schnelles Ende. Verblühtes sollte umgehend entfernt werden, da der Samenansatz die Pflanze schwächt und den Flor mindert. Im Gegensatz zu den anderen Wickenarten, wie zum Beispiel *Lathyrus chlorantha* (→ Abb. links oben) sind *Lathyrus odoratus*, aber auch *Lathyrus sativus*, - eine alte Kulturpflanze (→ Abb. links unten) nur einjährig zu ziehen.

Lathyrus odoratus
'Wiltshire Ripple'
Die getuschte Färbung unterstreicht das sanfte Lichtspiel der Wickenblüten, ähnlich wie die gezielt ausgewählten Accessoires (→ Abb. rechts außen und Seite 148).

Lorgnette
Pflanzen
der Duftwicke
Lathyrus
odoratus;
Liegestuhl-
Gestell, Brillen,
Holzkiste,
Drahtgitter,
Erde.
Kunst und
Lustgärtnerei,
München 1996

Gras - Grün

Grasbuch auf Mikrofiche
Seite für Seite verfilmt, wie die wertvollen Bestände einer Bibliothek (→ Abb. Seite 154/155).

◁◁ Abb. Seite 150/151
Taumel-Lolch
Gräsersamen; handgeschöpftes Papier, Filz, Wasser.
I. Internationale Biennale der Papierkunst
Leopold-Hoesch-Museum, Düren 1986

Die menschliche Kultur ist von beidem durchdrungen, der Beleg ist die Sprache (→ Seite 168/169). Sprießende Grashalme stehen für die Pflanzenwelt, sie verbünden sich mit dem Kulturgut Buch (→ Abb. Seite 150/151). Die wechselseitige Durchdringung ist sinnfällig, sie geschieht in grafisch reduzierter Weise. Der Same keimt, aus ihm bricht eine grüne Linie, - der Halm, hervor. Diese nimmt den gestischen Schwung eines gedachten Schriftzuges auf und entführt ihn aus den Zeilen heraus in den Raum. Die Spelzen der Gräsersaat bleiben zurück. Sie treten erhaben und diszipliniert in Reihe gesät aus den handgeschöpften Papieren hervor; erinnern an Notenzeichen, - oder an die mit den Fingerkuppen zu ertastende Blindenschrift.

Halme und Wurzeln auf Mikrofiche

Ein lebendes Buch ist empfindlich, seine Schriftzüge verwachsen sich schnell. Deshalb wurde Seite für Seite auf Mikrofiche gebannt (→ Abb. Seite 154/155). Am Lesegerät ist nun eine jede beliebig verfügbar, problemlos zu blättern und detailliert zu betrachten (→ Abb. links oben). Zur Keimung wurde das Buch angefeuchtet und mittig aufgeschlagen. Nur dort zeigen sich die Halme beidseitig oben. Dies ändert sich, wenn man nach rückwärts blättert: jeweils links erscheinen die Wurzeln, rechts die Halme. Beim Blättern in der Gegenrichtung ist es umgekehrt. Je tiefer man in den Buchblock vordringt, umso weniger weit sind die Pflänzchen entwickelt. Während der Keimung verhinderte eingelegte Folie, das Zusammenwachsen der Seiten.

Alles beginnt einfach

Ein Buch mit keimender Schrift oder ein von Gräsern überwachsenes Kleidungsstück (→ Seite 160 bis Seite 170), trotz der spektakulären Erscheinung basiert beides auf einfachen Beobachtungen. Etwas Grassamen, auf einen feuchten Eierkarton gesät, beginnt zu sprießen (→ Abb. links unten). Von der Dichte der Kartonstruktur ist abhängig, ob die Wurzeln in die Pappe eindringen oder nur an ihrer Oberfläche wachsen. Bei Textilien, wie zum Beispiel bei Vlies (→ Seite 158/159), gibt es für die Wurzeln keine Probleme.

Einfache Versuche
zu Anfang: Sprießende Gräser im Eierkarton.

Grassamen regen an zu phantasievollen gestalterischen Unternehmungen. Das aus ihnen hervorbrechende Grün steht stellvertretend für die Pflanzenwelt.

Das Grasbuch (→ Abb. Seite 150/151 und Seite 152) Seite für Seite auf Mikrofiche: Nur auf den, während der Keimung aufgeschlagenen Seiten sprießen die Halme beidseitig oben. Ansonsten sitzen sie links oder rechts, den Wurzeln gegenüber.

Das Kleid der Erde

Die Vegetation scheint vom Boden gelöst, nach Schnittmuster formiert und angepaßt. Das Kleid der Erde wird am Körper getragen (→ Abb. rechts). Es ist feucht, schwer und dennoch nicht unangenehm: Wer sich einkleidet fühlt sich geerdet. Üblicherweise werden Pflanzen mit den Augen erlebt, auch durch die Nase, den Gaumen oder die Fingerspitzen. An dieser Stelle tritt das sensible Sinnesorgan Haut großflächig hinzu. Über weite Körperpartien hinweg wird es von den Pflanzen berührt und angeregt.

Gras - Die zweite Haut

Die Gräser wachsen auf Hadernvlies (→ Abb. links unten und Seite 158/159). Außen am Kleid sitzen die Halme, innen, der Haut zugewandt, sprießt ihr zarter Wurzelfilz. Über ihn nehmen die Pflanzen Kontakt zum menschlichen Körper auf. Sie werden zu seiner zweiten Haut. Ähnlichkeiten sind kein Zufall: Die Erde ist ohne ihre Vegetationsdecke schutzlos. Sie trocknet aus und ist der Erosion preisgegeben. Der menschliche Körper wird von seiner Haut schützend umschlossen. Ohne sie ist das Funktionieren unseres Organismus undenkbar.

Grüne Schuhe als Symbol

Der Mensch läuft auf Pflaster-, Beton- oder Teppichböden. Bei einem Spaziergang durch die Natur unterbindet das Schuhwerk den direkten Kontakt zu den Pflanzen. Nur barfuß gehend bleibt man der Vegetation der Erde unmittelbar auf der Spur. Mit den Fußsohlen und Zehenspitzen erlebt man sie, Schritt für Schritt, auf archaische Weise. Als Symbol dafür stehen die sprießenden Schnabelschuhe. Auch sie sind aus Hadernvlies gefertigt und mit Gras besät. Zusätzlich wurden bei der Einsaat Bohnenkerne in den Stoff gedrückt. Sie keimen genauso rasch wie der flauschige Grasbewuchs. Dieser sieht aus wie Kunstpelzbesatz. Auf den ersten Blick hegt man Zweifel an seinem natürlichen Ursprung. Von der bewegten Gestalt der Bohnenpflanzen werden sie vollkommen aus dem Weg geräumt: Sowohl Bohnen als auch Gras sind echt.

Vlies als Grundmaterial
wird problemlos durchwurzelt.

Ob Hüte oder Schuhe
alles wird eingesät und wächst.

Die Vegetation scheint vom Boden gelöst, nach Schnittmuster formiert und angepaßt. Das Kleid der Erde wird am Körper getragen.

KLEIDUNGSSTÜCKE AUS HADERNVLIES
Die phantasievollen Schnitte werden entworfen und mit Drahtgeflecht plastisch in Form gebracht.

Graskrawatten

... und Pflanzenkleider: Das Motto des Seminars klang verheißungsvoll, entsprechend war der Zulauf an Teilnehmern. Die Idee scheint verrückt und abgehoben. Das ihr zugrundeliegende Prinzip bleibt verblüffend einfach und völlig unspektakulär. Es basiert auf der detaillierten gärtnerischen Kenntnis des Pflanzenlebens, verbunden mit dem Wissen um die daraus folgenden künstlerischen und pädagogischen Möglichkeiten (→ Seiten 12 bis 19). Bei aller Bescheidenheit und Selbstverständlichkeit, welche die Arbeit mit Pflanzen begleitet: Das ins Auge gefasste Ziel einer Modenschau mit der wuchsfreudig sprießenden Kollektion (→ Abb. Seite 160 bis Seite 167) gab Anlaß zu einem enthusiastischen Seminarverlauf.

MIT NADEL UND FADEN
Die solide Verarbeitung ist wichtig, denn das Gewicht der bewachsenen Kleider ist beträchtlich.

Saugfähig und stabil

Das Material ist saugfähiges Hadernvlies (→ Abb. links und Seite 156). Im Gartenbau wird es als Wasserspeicher auf den Kulturbeeten der Gewächshäuser ausgebreitet. Es ist in Rollen mit unterschiedlichen Breiten im Fachhandel erhältlich. Darüber hinaus eignen sich alle textilen Materialien, die eine gewisse Saugfähigkeit und Stabilität besitzen. Auf ausreichende Reißfestigkeit ist besonders zu achten, weil der Stoff durch die Pflanzen und das Gießwasser sehr erheblich an

ZUR EINSAAT
werden die Kleidungsstücke ausgebreitet, befeuchtet und mit Grassamen dicht bestreut. Erhöhte Partien unterfüttert man mit saugfähigen Materialien.

Gewicht zunimmt. Zur Unterstützung der Stabilität können Schnüre, Gurte oder Drahtgeflecht in die Kreation eingearbeitet werden. Draht hilft auch, wenn das labile, textile Material plastisch in Form gebracht werden soll. Ist das Kleidungsstück zur Anprobe vorgesehen, müssen Drähte, wegen der gegebenen Verletzungsgefahr, besonders solide verarbeitet werden.

Gleichmässige Wasserversorgung ist gewährleistet, wenn der Stoff sorgfältig ausgebreitet wird.

Ausklapp-Schnitte sind ideal

Bei sommerlichen Temperaturen benötigt die ausgesäte »Sport- und Spielrasenmischung« vierzehn Tage zu ihrer Entwicklung. Der gleichmäßige Wuchs ist abhängig von konstanter Wasserzufuhr. Sie ist gewährleistet, wenn der Schnitt der Gewänder so angelegt ist, daß sowohl die Vorder- als auch die Rückseiten flach auf dem Boden ausgebreitet werden können (→ Abb. rechts). Erhöhte Vliespartien trocknen leicht aus. Auf ihnen keimt der Samen schlecht. Am besten drückt man sie flach auf den Boden, bis das Gras gekeimt ist. Ist dies nicht möglich, wird mit wasserspeichernden Materialien unterfüttert.

Ein Schuß Dünger zum Schluß

Bis zur verabredeten Präsentation blieb den Pflanzenkleidern vierzehn Tage Zeit zum Wachsen. Die Kunst- und Lustgärtnerei übernahm die "Kleiderpflege" im Glashaus. Nach der erfolgreichen Keimung der Gräser wurde die, zur Erhöhung der Luftfeuchtigkeit übergeworfene Folie entfernt und weiterhin zweimal täglich gegossen. Einige Tage vor der Modenschau gab man dem Gießwasser etwas Flüssigdünger bei. Sein Stickstoffgehalt verlieh dem grünen Graspelz zusätzliche Brillanz.

Kostümfundus Glashaus
In dieser Höhe sollte der Graspelz, zum Schutz vor Fäulnis, nicht mehr überbraust werden. Vorzuziehen ist die Wasserversorgung von unten, durch eine kurzzeitige Überflutung des Beetes.

Mit Wimperntusche, Rouge und Lippenstift
Die Modenschau avanciert zum Kostümfest.

Modenschau und Kostümfest

Innerhalb von vierzehn Tagen erreichte der Pelz der Vlieskleider (→ Seite 158/159) die Höhe von bis zu acht Zentimetern. Das Gewächshaus verwandelte sich: Aus dem Hort für sprießende Sommerblumen-Setzlinge wurde die Garderobe am bühnenseitigen Ende des Laufstegs. Die sensiblen Entwürfe lagen fein säuberlich ausgebreitet am Boden (→ Abb. Seite 159). Mühelos ließen sie sich abheben und vor dem Einkleiden, zum Abtropfen aufhängen: Dank des isolierenden Beetbelages wurzelten die Graspflänzchen nicht tief und fest, wie es auf Erdbeeten im Garten der Fall ist.

Mit Rouge und Lippenstift

Die Präsentation der selbstentworfenen Graskollektion innerhalb der Modenschau avancierte zum phantasievollen Kostümfest: Ganz nach Gusto schlüpften die einen selbst ins Kostüm und griffen ergänzend zu Wimperntusche, Rouge und Lippenstift. Andere Teilnehmerinnen zogen es vor, dem geladenen Publikum ihre Entwürfe mit Hilfe improvisierter Kleiderhaken oder Schaufensterpuppen aus Ästen und Zweigen vorzustellen. Aufgrund der intensiven Pressearbeit des Co-Veranstalters, der Münchener Volkshochschule, waren zahlreiche Fotografen und Journalisten zugegen. Sie griffen das für sie spektakuläre und optisch reizvolle Thema gerne auf und nutzten es zu einer entsprechenden Berichterstattung in ihren Zeitungen.

Kesses Graskleid nach Ausklapp-Schnitt
Es wird mit einer Kordel getragen.

Wüchsige Kopfbedeckung mit Gräsern und Bohnen: Vor der Präsentation wird der mit Draht unterlegte Hut endgültig in Form gebracht.

Effekt und Erfahrung

Ein Blick in die Kamera und der vergängliche Chic ist ohne anwesendes Publikum dauerhaft dokumentiert.

Kleidung mit Pflanzenbewuchs ist originell und fällt auf, - egal ob im Karneval, bei einem Kostümfest oder ganz einfach so, ohne jeglichen Anlaß getragen. Ein solcher Überraschungseffekt motiviert: Entwerfen, schneidern oder einsäen, alles läuft auf diesen einen Punkt hinaus. Wie nebenbei vermittelt die Arbeit an den Gewändern ein Gefühl für ökologische Zusammenhänge. In ihren Qualitäten stehen die bewußt oder unbewußt gemachten Erfahrungen jenen nicht nach, die zum Beispiel ein wachsender Speisetisch vermittelt (→ Seite 16/17). Während des Unterrichts, innerhalb von Kursen oder aus bloßem Vergnügen läßt sich das Thema "Grasklamotten" problemlos in die Tat umsetzen: Man braucht dazu weder ein Glashaus, - noch zu warten bis sommerliche Temperaturen die Aussaat im Freien ermöglichen.

Die Kleidereinsaat im Zimmer

In einem Raum mit einer Temperatur von etwa zwanzig Grad können die Kleider erfolgreich begrünt werden. Tageslicht ist ideal, aber nicht zwingend notwendig. Als Ersatz bleibt die Zimmerbeleuchtung über mehrere Stunden am Tag eingeschaltet. Zum Auslegen kleinerer Accessoires ist eine, mit Folie ausgekleidete, Obstkiste ausreichend. Große Stücke breitet man am Fußboden aus. Damit problemlos gegossen werden kann, fertigt man aus Folie und einem Holzlattenrahmen entsprechend große "Beete". Der durch die Latten erhöhte Folienrand verhindert das Ausfließen von Gießwasser. Die Kleider müssen einerseits feucht gehalten werden, dürfen aber andererseits nie vollständig von Wasser bedeckt sein.

Wenn der Pelz schimmelt

Damit ein üppiger Bewuchs entsteht, werden die Grassamen dicht, in kleinen Abständen zueinander ausgestreut. Manchmal kommt es vor, daß der Pelz durch den engen Stand der Pflanzen Schimmel ansetzt oder zu faulen beginnt. Durch wiederholtes tägliches Lüften beugt man vor. Befallene Stellen werden mit einem haushaltsüblichen Desinfektionsmittel besprüht. Sicherheitshalber testet man vorher an einer kleinen Stelle, ob die Pflanzen das verwendete Präparat und seine Dosierung vertragen.

Das Gewand trocknet ein

Die abschließende Präsentation der bewachsenen Gewänder am eigenen Körper und vor Publikum ist nicht jedermanns Sache. Trotzdem verstärkt ein zusammenfassender attraktiver Abschluß einer solchen Aktion das Erfolgserlebnis. In dieser Situation hilft eine Kamera. Durch das gegenseitige Fotografieren wird das Ergebnis der Öffentlichkeit präsentiert, ohne daß Publikum tatsächlich zugegen ist. In aller Regel sind die Pflanzen auf den Kleidungsstücken nach der Vorführung geschwächt und wachsen nicht weiter: Zum viel zitierten "Rasenmähen" kommt es kaum. Jetzt ist es an der Zeit, die Kleider eintrocknen zu lassen. Der pelzartige Charakter des Bewuchses nimmt dadurch noch zu (→ Abb. rechts).

KOSTÜME AUS GRAS
inspirieren auch getrocknet zu skurrilen Inszenierungen im Garten.

Anna Scharr
Haube und Schürze
aus Hadernvlies
eingesät mit
Gräsern und
getrocknet.
Blumengärtnerei
Bernschneider,
München 1990

Weidelgras

Das Pflanzenthema dieses Kapitels stellt sich leicht überschaubar dar: Einfach nur Gras, - nicht mehr! Der Eindruck trügt. Die Familie der Süßgräser zählt je nach Lesart zwischen viertausend und zehntausend Arten. Hinzu kommen die Sauergräser, auch Seggen oder Riedgräser genannt sowie die Binsengewächse. Gras! Nicht mehr, aber auch nicht weniger: Mehl, Grieß, Reis und Zucker sind Grundnahrungsmittel. Ihre Herstellung basiert auf Süßgräsern. Bier, Arrak, Rum und Whisky, auch hier sind Grasgewächse der Ausgangspunkt. Ganz zu schweigen davon, was als Baustoff genutzt wird, zum Beispiel Bambus, Binsen und Schilf; oder zur Papierherstellung, nämlich das Stroh von Mais und Reis sowie die Papyrusstaude aus der Familie der Sauergräser.

Parallelnervig und robust

Grasgewächse sind auf der ganzen Welt verbreitet. Ihre parallel angeordneten Blattnerven unterscheiden sie von den Blütenpflanzen. Dies läßt sich auch mit bloßem Auge und ohne botanische Ambitionen erkennen. Für eine genauere Unterscheidung ist allerdings eine Lupe und Pflanzenkenntnis nötig: Während der Keimung gleicht ein Grashalm dem anderen. Daß der auf den Kleidern verteilte »strapazierfähige Sport- und Spielrasen« aus unterschiedlichen Süßgrasarten zusammengesetzt ist, läßt sich nur ahnen. Die Mischung enthält landwirtschaftlich intensiv genutzte Weide- und Futtergräser. Ihre gepriesene Anspruchslosigkeit kommt dem hier vorgestellten, ungewöhnlichen Gebrauch sehr entgegen. *Lolium perenne*, das Deutsche Weidelgras, gilt als das wichtigste Weidegras. In der Rasenmischung ist es in unterschiedlichen Sorten zu fünfzig Prozent vorhanden. Die trockenheitsverträglichen Sorten des Rotschwingels *Festuca rubra* bringen es auf vierzig Prozent und das weit verbreitete Wiesenrispengras *Poa pratensis* hält einen Anteil von zehn Prozent.

Prêt-à-porter
Sport- und Spielrasenmischung, Bohne *Phaseolus;* Vlies, Draht, Wasser. Kunst- und Lustgärtnerei, München 1993

"Wachsen"

GRASGRÜN Die Farbe der Halme steht für Lebenskraft und Frische (→ Abb. oben). Ein Schildabdruck aus Papierpulp und Grassamen persifliert den bekannten Verbotshinweis der Grünanlagen (→ Abb. unten).

Der Grashalm steht als Symbol für die Pflanze schlechthin. Die Vielfalt der Vegetation mit allen ihren faszinierenden Lebensformen ist auf den kleinsten möglichen Nenner gebracht: Die Essenz heißt "wachsen". Sie stellt sich in der reduzierten Form einer Linie dar (→ Abb. rechts). Diese erobert den Raum. Ihre Farbe ist das Grün (→ Abb. links oben).

Gras und Grün

Beide Worte reichen auf dieselbe sprachgeschichtliche Wurzel zurück: auf hervorstechen, keimen, wachsen und sprießen. "Es grünt, so grün ... ", - im Frühling erwacht die Natur, sie färbt sich grasfarben. Grün suggeriert Frische und Lebendigkeit. Die "grüne Seite" ist angenehm. Ein "Grünschnabel" dagegen noch unerfahren; seine Persönlichkeit so wenig ausgereift wie die hellgrünen Triebe einer Wiese im Mai. Ein großer Teil des Grüns ist unerwünscht, wenn beim "Ausgrasen" des Gartens nicht nur Grasgewächse als Unkraut entlarvt werden. "Grün ist Leben", die Sprachentwicklung belegt es anschaulich und auf eindeutige Weise, lange bevor dieser modische Werbeslogan entstand.

Das Blatt - Kraftwerk der Pflanze

Der Farbstoff Chlorophyll bringt die Grünfärbung der Blätter hervor. Er absorbiert das gesamte Lichtspektrum, den grünen Bereich ausgenommen (→ Seite 64/65). Die von ihm aufgesogene Lichtenergie der Sonne wird für die Photosynthese gebraucht. Bei diesem hochkomplexen Prozeß wandelt die Pflanze anorganische Stoffe wie Wasser, Kohlenstoff und Nährsalze in organische Bausteine um. Körperfremdes wird zu körpereigenen Stoffen assimiliert. Alles was die Pflanze zum Leben benötigt, bezieht sie aus diesem Vorgang: Kohlenhydrate wie Stärke und Traubenzucker sowie Fette und Eiweiß. Ganz nebenbei entsteht die Grundlage der menschlichen Existenz: Bei der Photosynthese wird

Sauerstoff frei und in die Atmosphäre abgegeben. Gleichzeitig nimmt der pflanzliche Organismus das lebensfeindliche Kohlendioxyd aus der Luft auf und wandelt es um.

Bitte Rasen nicht betreten!

... Hunde an die Leine. Die Gedanken- und Wortspiele rund um Gras und Grün lassen sich beliebig erweitern und mit Papier, dem Material das gewöhnlich zum Fixieren von Worten dient, umsetzen. Von einem geprägten Blechschild aus den städtischen Grünanlagen wird ein negativer Gipsabdruck gefertigt. Das eigene Positiv soll aus Papierpulp entstehen. Die feuchte Masse wird in die Gipsform gedrückt und Grassamen eingearbeitet. Nach einigen Tagen keimt der Samen und durchbricht die Schildoberfläche (→ Abb. links unten). Der wuchernde Pflanzenbewuchs macht die Schrift unkenntlich, das Verbot ist aufgehoben: Rasen betreten erlaubt!

Durch das Nadelöhr

Gras sprießt auch, wenn die Schriftzüge eines beschriebenen Blattes durch Nadelstiche perforiert und die Samen darunter ausgestreut werden (→ Abb. unten). Auf einer saugfähigen Unterlage keimt die Saat und bahnt sich ihren Weg ans Licht wie durch ein Nadelöhr.

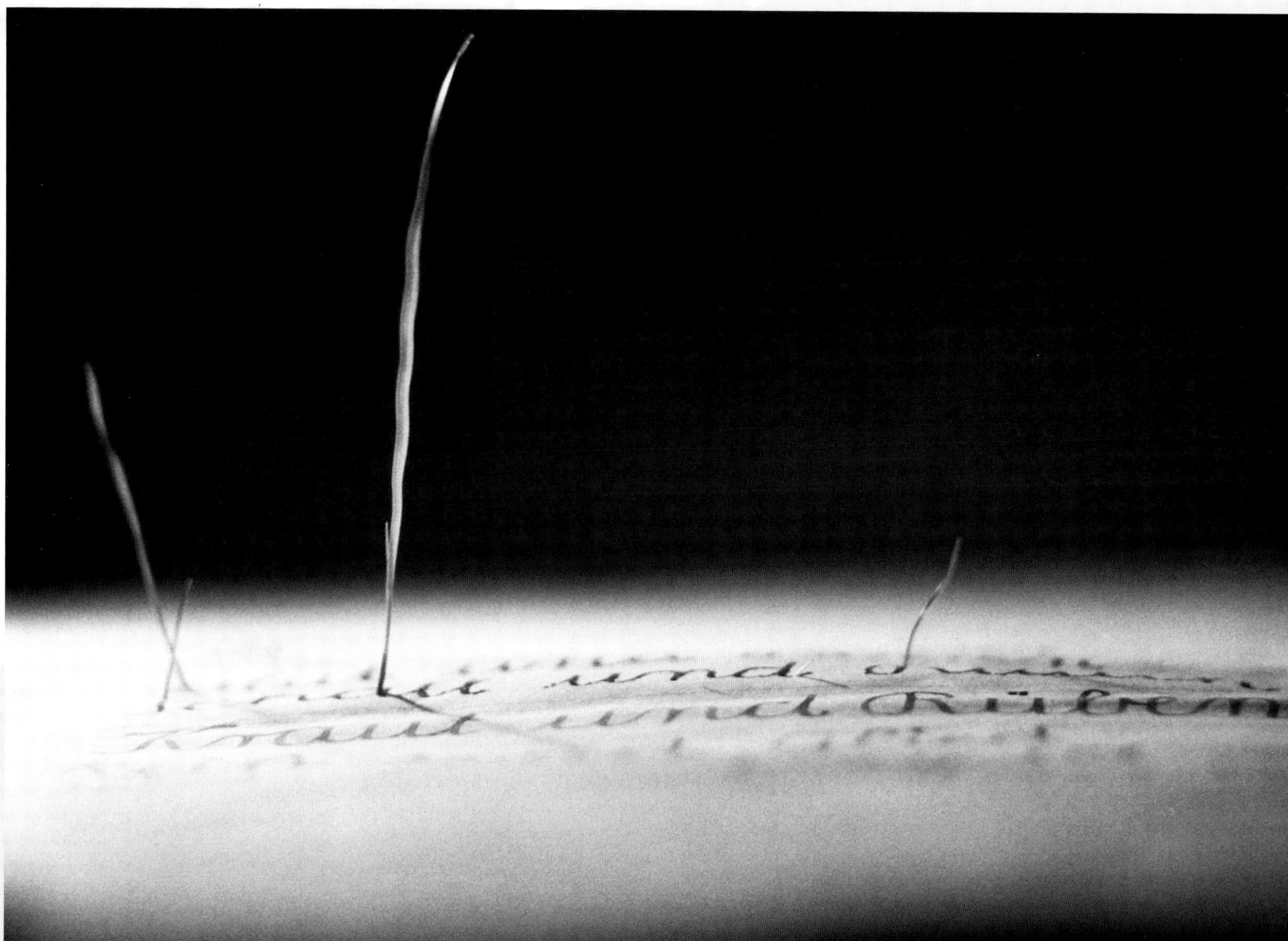

Wachsende Linien stoßen aus dem Papier hervor. Sie bestätigen den sprachgeschichtlichen Ursprung von "Gras" und "Grün".

Spätsommer
Das dürre Gras verleiht sowohl der Wiese als auch dem Gewand eine elegische Anmutung.

◁◁ Abb. Seite 172/173
KARTOFFEL
Solanum tuberosum
Bei ihrer Suche nach Licht wachsen die Triebe durch den Sack.

ZWIEBELMOND aus hintereinander auf einen stabilen Draht gespießten Buchenblättern mit vergoldeten Stielen. An den Drahtenden stecken getrocknete Zieräpfel; die Zwiebel ist mit Schnur fixiert.

Kellerkinder

Von Natur aus schützend eingehüllt, schien die Ernte sicher verwahrt, - und nun das. Cyanotisch bleich bricht es aus der Pelle hervor, fahl fleischfarben wuseln Fadenwürmer in Richtung des Lichtschachts. Im Kartoffelkeller ist die Hölle los (→ Abb. Seite 172/173). Knollengewächse sind Künstler der Täuschung, ihr unterirdischer Auswuchs ein Trojanisches Pferd. Verborgen im Bauch der Schalen schlummern die Triebe raffiniert verstaut ihrer Zeit entgegen. Inwendig tickt die eigene Uhr, äußerlich geben das Licht, die Temperatur oder die Feuchtigkeit das Signal zum Sprengen der Hüllen.

Blattgold, Krepp und Pergamin

Lagen hochkarätiger Rotgoldblättchen umspannen den drallen Leib der Speisezwiebel, die Halskrause aus Krepp schließt oben ab. *Allium cepa* ist ein eitler Fatzke, zum Verbergen seiner smaragdgrünen Triebe ist ihm das feinste Stöffchen gerade kleidsam genug. Die Verwandtschaft hält es ähnlich mondän, die umstrittenen Zehen des Knoblauchs *Allium sativum* stecken in knisternden Tütchen aus perlmuttfarbenem Pergamin.

Wundertüten

Hüterin der hübsch verpackten Wundertüten ist die Gemüsefrau, in ihren Kisten schlummert Kartoffelknolle neben Knoblauch und Zwiebel. Netzeweise kann man sie nach Hause tragen, die Überraschung folgt auf dem Fuße, unbegossen und ganz ohne Erde schieben sich kurze Zeit später die Triebe durch das Gespinst (→ Abb. unten und Seite 172/173). Ritterstern und Herbstzeitlose, die Jakobslilie und Eidechsenwurz geben sich mit solcherlei Grünkram gar nicht erst ab, sie vollbringen unter ähnlich dürftigen Bedingungen gleich ganze Blütenwunder (→ Seiten 178 bis 192).

Mit Zwiebeln gestalten

Dem überraschten Augenreiben über die pflanzlichen Gewohnheiten folgt Schmunzeln, die skurril kullernden Pflanzenformen laden ein zur ironischen Interpretation (→ Seite 176/177). In der Papierhandlung wird fündig, wer Häuten und Schalen entsprechend Fragiles hinzugesellen will, auch herbstliche Blätter sind ein Pendant (→ Abb. links). Ebenso treten jene Dinge mit ihnen in Korrespondenz, die sie von alters her durch die menschliche Kultur begleiten, dazu zählen Körbe und Netze (→ Abb. unten und oben), Tüten (→ Abb. Seite 190/191), Kisten und Mulden (→ Abb. Seite 183) oder Drahtgeflechte (→ Seite 180/181).

Knoblauch *Allium sativum* In Ägypten wird er bis heute in Körben aus Palmblättern und Gras gehandelt.

Küchenzwiebel
Allium cepa
Von den grünen Trieben durchbohrt, werden die prall gefüllten Säcke aus vielfältig gefärbtem Kunststoffgewebe ganz von selbst zum Schaustück.

Bowling mit Balthasar

Ob klein, groß, kugelrund oder plattgedrückt, die braunschalige Küchenzwiebel gilt gemeinhin als einfaches Ding. Sie ist ein Aschenputtel, kaum der Erwähnung wert. Doch was die Leute von ihr denken, kümmert sie kaum. Drall und dickbäuchig, fühlt sie sich dennoch als VIP, weltweit weiß sie sich durchzusetzen: hat sieben Häute, beißt alle Leute, wie wahr. Schon vor mehr als 5000 Jahren zählte die Speisezwiebel in Zentralasien, Pakistan, Nordwest-Indien und im Mittelmeerraum zu den bedeutendsten Gemüse- und Heilpflanzen. Ins nördliche Europa gelangte sie erst im frühen Mittelalter, im Gepäck römischer Soldaten.

Ratsch, Zwiebel aus dem Sack!

Schlingernd kollern die unförmigen Riesenmurmeln in die Vorratskiste. Gewonnen hat jene Zipolle, welche zuerst an die hölzerne Rückwand rumpelt. Als Gewinn lockt ein Zwiebelbonbon: »Zwei große Zwiebeln feinschneiden, in ein viertel Liter Wasser gut auskochen, abseihen und den Absud mit Zucker weiterkochen. Schaum abschöpfen, Honig und Essig dazugeben, die Masse auf einer Steinplatte in kleine Quadrate aufteilen.«

Boule, Boccia oder Bowling

Ganz nach dem Geschmack der Zeit wählt man im Würzburger Hofgarten nicht die französische oder italienische Variante des Kugelspiels, der englischen Gartenmode entsprechend gibt man sich dem Bowling hin. In schlenkernd aushohlendem Schwung landen die Kugeln auf dem Bowlinggreen, dem runden, vertieften Rasenplatz vor dem Ostflügel des Schlosses. Im barock geometrisch orientierten und auf die Planung Balthasar Neumanns zurückreichenden Gartenplan des Johann Prokop Mayer von 1792, ist es eines der wenigen Zugeständnisse an den anglophilen Zeitgeschmack. Denn für die Anlage eines weitläufigen englischen Landschaftsparks war hinter der Würzburger Residenz nicht mehr ausreichend Platz.

»Kunstgärtners Beiträge ...

zur höheren Würzburger Gartenlust«, 1993 in der Städtischen Galerie unweit des Hofgartens. Sandsteinfarben lächelnd steigt der Barockbaumeister Balthasar Neumann vom Fünfzigmarkschein herab zur Bowlingpartie. Der Kunstgärtner hat geladen. Das Bowlinggreen ist ein Zwiebelsack, ausgebreitet und mit Mayers Plan bemalt. Aus dem Barockhimmel der Residenz fallen die Kugeln. Neumann bringt sie geradewegs mit sich herab, - seine Zwiebelturmhauben. Mit goldenem Glanz kullern sie nun durchs Parkett.

Bowling mit Balthasar
Speisezwiebeln auf Drahtgaze.
Städtische Galerie, Würzburg 1993

1

2

3

Wunderpflanzen

Im Handel ist die Eidechsenwurz (→ Abb. 3 und Seite 182/183) eines der meist gepriesensten Naturwunder. Doch von weiteren derart spektakulären Pflanzen weiß man dort meist nicht zu berichten. Für neue Überraschungen muß man selbst horchend die Hand auf die schwangeren Pflanzenbäuche legen, in den Büchern stöbern, Schlüsse ziehen.

Zwiebel oder Knolle?

Beides sind unterirdische, reichlich mit Proviant ausgestattete Schutzräume, in denen Pflanzen lebensfeindliche Perioden überdauern. Zu diesem Zweck ruht in einer Zwiebel der gesamte zukünftige oberirdische Sproß. Er ist verkürzt wie ein eingezogener Teleskopmast. Manche Blätter werden dabei zu Schuppen, wie zum Beispiel bei Lilien, andere zu Schalen, wie bei Narzissen, Ritterstern, Jakobslilien und Küchenzwiebeln. Diese sind Hort für die unzähligen Zwiebelkinder, schützende Rüstung und zuverlässiger Vorratslieferant für den Trieb. Er bezieht seine Nahrung so lange aus der unterirdischen Kammer, bis er zu eigener Versorgung imstande ist. Ähnlich verhält es sich mit Knollen, den angeschwollenen Enden der unterirdischen Ausläufer von Kartoffel oder Eidechsenwurz. Bei der Herbstzeitlose (→ Abb. 1) ist der verdickte Stiel von einigen zwiebelschuppenähnlichen Hüllblättern umgeben; ihn nennt man deshalb Knollenzwiebel.

Amaryllisgewächse

Die etwa 70 Arten umfassende Pflanzenfamilie aus dem tropischen und subtropischen Amerika lebt in Savannen und Waldgebieten mit ausgiebigen Trockenzeiten. Ihr bekanntester Vertreter ist der Ritterstern (→ Abb. 4 links), im Spätsommer kommen die straußeneigroßen Zwiebeln in den Handel. Wer jetzt zugreift, darf während der nächsten Wochen oder Monate ebenfalls erfolgreich auf ein Wunder hoffen (→ Abb. 5 und Seite 192).

Die Jakobslilie

Zur Mitte des Jahres hin erstrahlt das rote Blütenkreuz der Jakobslilie oder *Sprekelia* (→ Abb. 2 und 4 rechts). Ihr deutscher Name bezieht sich auf das rote Kreuz der Ritter von Calatrava. Dieser erste große spanische Ritterorden wurde 1158 zum Schutz der gleichnamigen Festung vor dem Angriff der Mauren gegründet. Ihre lateinische Bezeichnung ehrt Johann Heinrich von Sprekelsen, Ratssekretär zu Hamburg, gestorben 1764. Von ihm erhielt Linné die erste Pflanze dieser Art. Im Gegensatz zum Ritterstern sind ihre ebenholzfarbenen, von blutroten Strichen durchzogenen Zwiebeln im Frühjahr erhältlich.

4

Hyazinthen - Weihnachtsnarzissen

Blütentreiben ohne Erdanbindung, das klingt befremdlich. Dem Gewöhnungsbedürftigen seien deshalb jene Pflanzen ans Herz gelegt, die zu ihrem Erblühen wenigstens das kühle Naß benötigen. Traditionell auf den Wassergläsern gezogen, bringen Treibhyazinthen zum Jahreswechsel ihre Blüten hervor (→ Seite 216), ähnlich den duftenden Weihnachtsnarzissen (→ Seite 180/181). Botanisch korrekt lautet ihr Name *Narcissus tazetta ssp. papyraceus*, oft findet man sie aber eher unter der Sortenbezeichnung *'Paperwhite'*. Ab August kommen auch deren Zwiebeln in den Handel. Im Herbst auf Wassergläser gesetzt bzw. eingebettet in feuchtes Moos oder Sand, blühen sie rechtzeitig zum Weihnachtsfest. Was den Standort anbelangt, so gilt für alle Experimente dasselbe: hell und kühl sollte es sein, damit die Blütenknospen nicht vorher vertrocknen.

5

1 Herbstzeitlose
Colchicum-Hybriden
2 Jakobslilie
Sprekelia formosissima
3 Eidechsenwurz
Sauromatum venosum
4 Ritterstern und Jakobslilie
illustriert von Dr. phil. A. B. Reichenbach, Lehrer der Naturgeschichte, Leipzig 1837. Kaum achtzig Jahre vorher erhielt Linné von Sprekelsen die erste Jabobslilie.
5 Ritterstern oder Amaryllis
Hippeastrum-Hybriden
inmitten von Gipsei-Rohlingen; sie sind mit Erde und Weizen gefüllt (→ Abb. Seite 192).

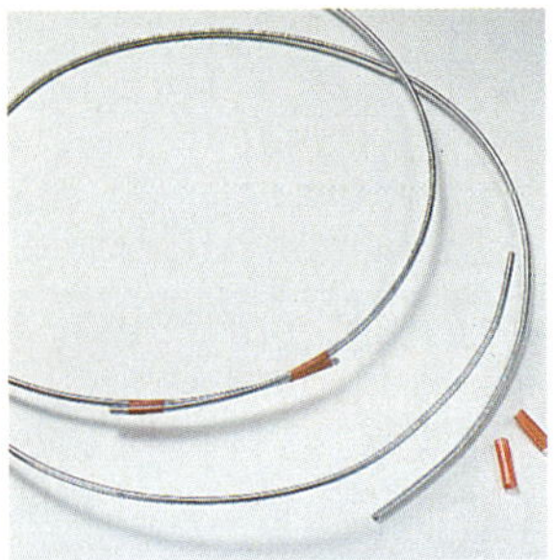

1. Korb vorbereiten

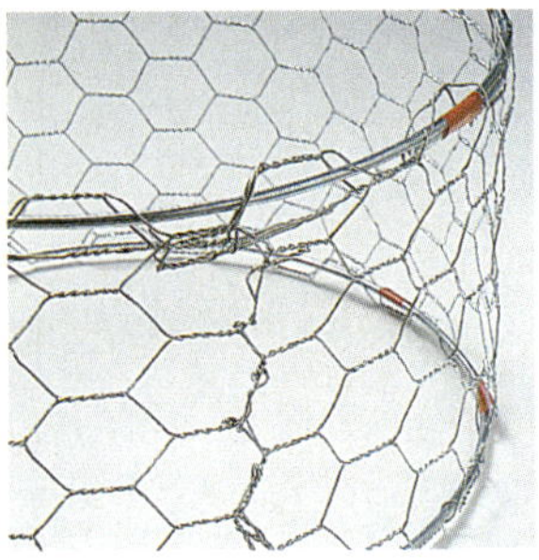

2. Korbwand bespannen

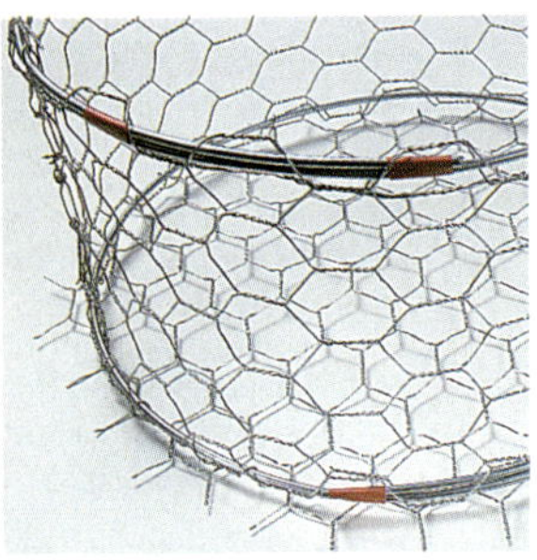

3. Boden anbringen

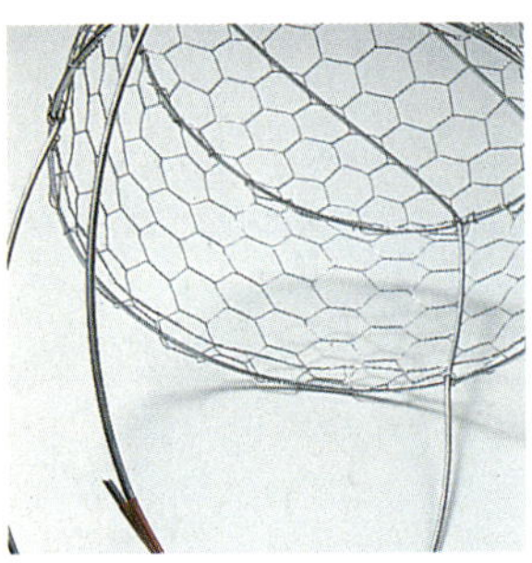

4. Henkel montieren

Weihnachtsnarzissen

Sie benötigen:

Für das Grundgerüst
Je 2 verzinkte Spanndrähte (Ø 3 mm): Länge 100 cm (Korb), 120 cm (Henkel)

Zum Bespannen
Sechseckgeflecht (Ø 3 cm) in verschiedenen Größen: 90 cm x 17 cm (Wand), Ø 26 cm (Boden), 60 cm x 10 cm (Henkel)

Zum Bepflanzen
Narzissen (→ Seite 179), Moos

Werkzeug und Hilfsmittel
Flachzange, verzinkter Bindedraht, Trinkhalmstücke (Länge 2 cm)

So wird's gemacht:

1. Korb vorbereiten: Spanndrahtenden mit den Trinkhalmen verbinden.
2. Korbwand bespannen: Wandgeflecht zum Zylinder biegen, Ringe einsetzen.
3. Boden anbringen
4. Henkel montieren: Spanndrähte parallel (Abstand 7 cm) am Boden außen, an Wänden innen, nach oben führen, mit Trinkhalmen verbinden und mit Bindedraht und Flachzange fixieren. Henkel bespannen. Korb bepflanzen: Zwiebeln durch die Maschen stecken (Triebspitzen außen), Korb mit Moos füllen. Am Henkel Zwiebeln und Moos festbinden.

WEIHNACHTS-NARZISSEN (→ Seite 179) Beim Einschichten in den Korb müssen die Triebspitzen außen sein, die weißen Wurzeln versorgen die Pflanze mit Wasser.

DUFTENDER NARZISSENKORB Flankiert von marokkanischen Talgkerzen ist er ein ungewöhnlicher Blickfang zur Weihnachtszeit. Das Moos im Korb darf nie austrocknen. An einem hellen, kühlen Platz wachsen die Pflanzen gedrungen heran.

EIDECHSENWURZ
Sauromatum venosum
(→ Abb. rechts)
In ihrem Äußeren gleicht die Blüte nicht nur Reptilien, sondern auch den chitinhaltigen Körperhüllen von Insekten (→ Abb. links). Oben am erwärmten Kolben verdampft der harnartige Geruch zur Anlockung von Aasfliegen. Sie fallen beim Anflug in den Kessel.

EINE TEIGMULDE gefüllt mit den Knollen der Eidechsenwurz. Im Halbdunkel sind die spitzen Blütenknospen erkennbar.

Sauromatum venosum - Die Eidechsenwurz

Diese Pflanze ist ein Wunderwerk. Allein Kraft ihrer Knolle schiebt sie einen ansehnlichen Trieb in die Höhe (→ Abb. oben) und erwärmt ihn auf bis zu 16 Grad Celsius über die Außentemperatur. Daran anschließend wirft sie den, in der Art einer Echsenhaut gemusterten Blütenschal, mit einem verführerisch koketten Schwung um ihre Hüften (→ Abb. links). Durch den in der Wärme verdampfenden Geruch der Blüten werden Insekten angelockt. Die ölig glitschigen Blütenwände bieten ihnen keinerlei Halt bei der Landung. Durch die widerborstigen Haarpinsel purzeln sie auf den Grund des Blütenkessels. Von dort gibt es in den nächsten vierundzwanzig Stunden kein Entkommen, denn der haarige Besatz im oben verengten Kessel hat die Wirkung einer Reuse.

Kesselfallenblumen

Die Eidechsenwurz ist ein Aronstabgewächs. Zu ihren Verwandten zählt der in unseren Laubwäldern heimische und im Herbst mit leuchtenden orangeroten Beerenkolben lockende, gefleckte Aronstab *Arum maculatum*. Während Frostperioden ihren sicheren Tod bedeuten, können die unwirtlichen Dürreperioden der ostindischen Heimat der Pflanze nichts anhaben. Völlig zurückgezogen verbringt sie diese in ihrer unterirdischen Behausung. Lange bevor einsetzender Frühlingsregen die Wurzelbildung und ein üppiges Blattwachstum erst ermöglicht, stellen die Pflanzen ihre raffinierten Kesselfallen in den Wind. Aasfliegen, einen reich gedeckten Tisch witternd, fallen, nicht selten zu Hunderten, hinein. An der Basis des Kessels stehen die weiblichen Blüten zur Bestäubung bereit. Ist sie vollzogen, werden sie welk, - gemeinsam mit den unmittelbar über ihnen liegenden Reusenhaaren. Für die Insekten scheint sich der Ausgang nun zu öffnen, doch stattdessen rieselt feiner Pollen herab. Mit dem Blütenstaub der mittlerweile herangereiften, oben liegenden männlichen Blüten werden die Fliegen erneut eingestäubt. Erst dann senkt sich der Kolben, die Reuse öffnet sich, der Ausgang ist frei.

Die Herbstzeitlose, des Teufels Tabakbeutel

Der Volksmund im Bayerisch-Österreichischen brachte es noch zu Beginn dieses Jahrhunderts auf den Punkt: Die zäh ledern umhüllte Zwiebelknolle der Herbstzeitlose galt als des Teufels Tabakbeutel. Andernorts vermutete man in ihr seine Barschaft oder wenigstens seine Nahrung, vom Teufelsgeldbeutel war die Rede und vom Teufelsbrot. Warum der Volksmund sie so häufig mit den wenig schmeichelhaften Attributen des Gehörnten belegte, ist leicht einzusehen: Die Pflanze birgt in all ihren Teilen ein tödliches Gift. Und dennoch, - wenn auf den Wiesen Europas im Frühherbst die tiefsitzenden Knollen von *Colchicum autumnale* ihr kaltes Blütenlicht entzünden, hält lediglich das weidende Vieh respektvoll den Abstand. Selbst ist man fasziniert von der Schönheit der im Gras fahl flackernden Irrlichter, ihr Locken ist unwiderstehlich, doch tritt man zu nahe, entzieht sie sich. Die Schönheit der Blüten changiert, ihr Zauber gründet nicht zuletzt in der Ahnung von der unheilvollen Verbindung der Pflanzen zum Schattenreich.

Herbstzeitlose *Colchicum autumnale*
In verschiedenen Stadien dargestellt von Dr. phil. A. B. Reichenbach 1837.

Filius ante patrem

"Zeitlose", die nicht zur rechten Zeit blühende Blume, so nannte man ursprünglich den Krokus und andere, weit vor dem Gros der Pflanzen erblühenden Gewächse. Im 16. Jahrhundert wandelt sich diese Auffassung, jetzt war "nicht zur rechten Zeit", was spät im Herbst erblüht. Erst zu Beginn des 18. Jahrhunderts wird präzisiert und die herbstliche Blüte der Zeitlose zur Herbstzeitlose. "Filius ante patrem", der Sohn kommt vor dem Vater, kirchlicher Einfluß stand Pate bei dieser Benennung durch die mittelalterlichen Botaniker: Völlig blattlos erscheinen die Blüten von *Colchicum autumnale* im Herbst, Blätter und Samen dagegen im darauffolgenden Frühsommer (→ Abb. links). Diesen Zyklus sahen die Gelehrten anders, für sie waren die zuerst im Jahr erscheinenden Früchte die Söhne, die lange vor dem Auftauchen des Vaters, der Blüte im Herbst, das Licht der Welt erblicken.

Zart Lila und Rosenrot

Ihre eleganten Blütenkelche lassen es vermuten, die Herbstzeitlose zählt zu den Liliengewächsen. Das Verbreitungsgebiet der ungefähr sechzig Arten umfassenden Pflanzengattung *Colchicum* reicht von Europa über Nordafrika bis Mittel- und Westasien. Die Färbung der durchgängig im Herbst oder zeitigen Frühling blattlos blühenden Pflanzen reicht von zart Lila bis Rosenrot und Violett, seltener ist sie weiß (→ Abb. rechts) und nur in Ausnahmen gelb. Züchterische Arbeit fügte dieser Vielfalt Mengen großblütiger Sorten hinzu, wie zum Beispiel die Hybride *'The Giant'* (→ Abb. Seite 185). Auch dicht gefüllt blühende Sorten verzeichnen die Listen der Blumenzwiebelhändler, *'Waterlily'* ist eine der schönsten. Im Garten ausgepflanzt ist ihnen allen ein durchlässiger, etwas lehmig feuchter Boden sehr angenehm, in halbschattiger bis sonniger Lage blühen die meisten Sorten im September und Oktober.

Weissblühende Herbstzeitlose
***Colchicum autumnale 'Album'* in einem geflochtenen Körbchen aus Weidenruten.**

Inszenierte Pflanzengeschichte

Die Lieferung herbstblühender Knollen erfolgt im Juli, doch bis zum Einsetzen in Erde hat es Zeit bis nach der Blüte. In einem Körbchen ausgebreitet (→ Abb. oben) entfalten die Pflanzen, ohne Schaden zu nehmen, eine Knospe nach der anderen. Ganz in aller Ruhe kann man sich währenddessen der Erkundung ihres Wesens widmen: Kulturgeschichtliches und Volkskundliches zusammentragen, oder die Stellung in Medizin und Botanik erforschen. Gemeinsam mit den persönlichen, völlig subjektiv empfundenen Eindrücken, wird daraus das Gesamtbild der Pflanze. Mit einer Handvoll Knollen und etwas Fundus läßt es sich in Szene setzen.

FILIUS ANTE PATREM
Die Hybride *'The Giant'* in einer dänischen Glaslaterne des 19. Jahrhunderts.

Ganz loyal,
aber lauwarm

COLCHICUM
Der lateinische Name der Herbstzeitlose bezieht sich auf Kolchis, eine antike Landschaft am Ostufer des Schwarzen Meeres. Nach Dioscurides war die Pflanze dort häufig anzutreffen. In der griechischen Mythologie steht Kolchis im Mittelpunkt der Argonautensage. Von dort holen die griechischen Helden das von den Kolchern geraubte Goldene Vlies. Auf ihrem Schiff Argos bringen sie es zurück in die Heimat.

ARGOS
Blühende Knollen der Herbstzeitlose *Colchicum-Hybriden*; Drahtgeflecht, Armierdraht, Zeitungspapier, Blattgold, Leim. Kunst- und Lustgärtnerei, München 1995

Kontraste der Pflanzengestalt

Vor der karstig anmutenden Gebirgslandschaft ihrer Knollen auf der Tischplatte, wirken die seiden glänzenden Blütensterne der Herbstzeitlose zerbrechlich wie Glas (→ Abb. rechts). Der Nervenkitzel steckt im Wettbewerb der pflanzlichen Formen. Diesen Kontrast gilt es auszureizen. Der Weg ist zielsicher, wenn man die Entscheidung trifft: Welcher der vielen Züge eines Pflanzencharakters wird herausgeschält, was ist wichtig? Die Knollen der Zeitlose mutieren in der Übertreibung zur riesigen Felsenhöhle, ihre Blütenkelche zum darin funkelnden Juwel (→ Abb. rechts). Mit Hilfe einer konservierten Kürbisfrucht, wird das Größenverhältnis zwischen den kontrastierenden Pflanzenteilen merklich verschoben: Je größer die Umhüllung, umso gewichtiger erscheint ihr Inhalt.

Kürbishaut konservieren

Die Frucht wird vollständig mit Pergamentpapier-Schnipseln beklebt. Expressleim ist dazu gut geeignet. Mit einem Messer hebt man den Deckel ab und entnimmt mit einem Löffel sämtliches Fruchtfleisch. Je dünnwandiger die verbleibende Gemüsehaut ist, umso besser trocknet sie ein. Während dieses Prozesses verändert sie ihre Form. Damit die Öffnung auch nach dem Trocknen erhalten bleibt, verstärkt man sie im Inneren ringsherum mit einem Drahtring.

Die blühenden Knollen liegen innen im Kürbis.

Der Kontrast von Blüte und Knolle
Durch die Verschiebung der Dimensionen tritt er noch deutlicher zutage. Was sich dahinter verbirgt, ist ein mit Papierschnipseln beklebter Kürbis. Beim Trocknen legt sich die Kürbishaut in Falten und wird runzelig.

Der Kürbisdeckel ist mit Drähten an der Frucht befestigt.

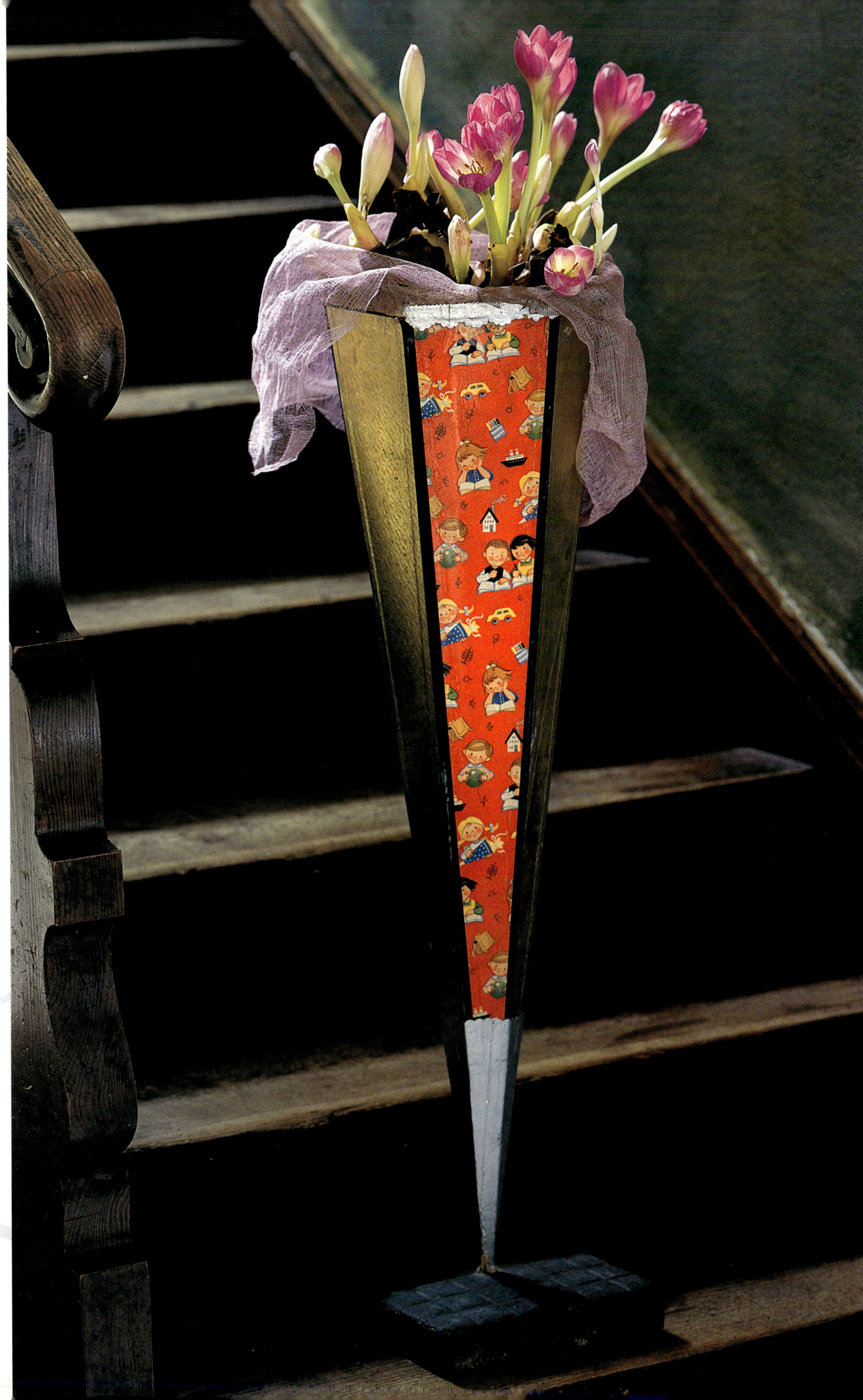

THEKLA-
ZWIEBEL
Knollen der
Herbstzeitlose
*Colchicum-
Hybriden*;
Schultüte,
Steinplatte.
Kunst- und
Lustgärtnerei,
München 1995

Colchizin

Ein Alkaloid macht bedrohlich, was die Augen umschmeichelt. Nach *Colchicum*, dem lateinischen Namen der Herbstzeitlose, wird es Colchizin genannt. Atemnot, Seh- und Sprechstörungen und schließlich die tödliche Lähmung des Atemzentrums sind die Folge, wenn es nicht beim optischen Genuß bleibt und Pflanzenteile, insbesondere Samen, gekaut oder geschluckt werden. Diese Symptome treten auch auf, nach der überdosierten Einnahme von Colchizin-Präparaten. In Schulmedizin und Homöopathie werden sie seit langem, vor allem bei Gicht, verabreicht. Neuerdings auch bei der Behandlung bestimmter Karzinomarten, wie zum Beispiel Hautkrebs, denn das Alkaloid hemmt die Zellteilung.

Theklazwiebel

Daß im Falle einer Colchizin-Vergiftung nicht hilft, was das Übel verursacht, steht außer Zweifel, auch wenn die durch die Jahrhunderte praktizierte "Sympathiemedizin" anderes vorsah: »Am Theklatage, dem 23. September, gestochen und in der Tasche getragen hilft die Zwiebel gegen Schwindelanfälle«. Auch vor der Roten Ruhr oder Blattern soll ihr Träger geschützt gewesen sein. Gegen die Pest trug man im Jahr 1680 in Dresden die Knollen der Herbstzeitlose um den Hals. Unter das Kopfkissen gelegt, sollte sie das Grimmen vertreiben. Der Absud der Pflanze galt als bäuerliches Mittel zum Vertreiben der Kopfläuse.

Volkskundliche Belege

Unzählige volkskundliche Belege dieser Art finden sich bei Heinrich Marzell (→ Literaturverzeichnis). Die "Bayerische Volksbotanik" oder sein mehrbändiges "Wörterbuch der deutschen Pflanzennamen" sind eine Fundgrube. In Bibliotheken kann man Einsicht nehmen. Das "Wörterbuch der deutschen Pflanzennamen" wurde mittlerweile neu aufgelegt.

Die Phantasie schwingt mit

Die Pflanzen in unserer Umgebung lösen beständig Bilder und Stimmungen in uns aus. Eine Herbstzeitlose assoziiert vieles. Die Kunst besteht darin, durch Hinzufügen weiterer Elemente beim Gegenüber gezielt Bilder und Empfindungen heraufzubeschwören. Plakative Eindeutigkeit sollte dabei vermieden werden. Sie läßt der Phantasie des Betrachters zu wenig Raum zur subjektiven Interpretation des Gesehenen. Je weniger Vorgaben gemacht werden, umso intensiver und aufregender stellt es sich dar. Der Gestalter ist in der Lage, dem Alltäglichen und Abgesehenen ein überraschend neues Gesicht zu verleihen.

Herbstzeitlose und Papiertüte
Zusammen ergeben sie ein neues Bild.

J. M. Ecker
Obst- und Südfrüchte
Knollen der weißen Herbstzeitlose *Colchicum autumnale 'Alba'* in einer zum Hundekopf geformten Papiertüte für Obst.

Zwiebeltisch
Pflanzen von Jakobslilie *Sprekelia formosissima*, Ritterstern *Hippeastrum-Hybriden*, Eidechsenwurz *Sauromatum venosum;* Tisch, Gipsei-Formen mit Erde und Weizen (→ Seite 179 Abb. 5). Kunst- und Lustgärtnerei, München 1995

◁◁ Abb. Seite 194/195
TULPENTEPPICH *Tulipa clusiana* (gelb), *Tulipa linifolia* (rot); SW-Foto, Vlies, Wasser.

GARTENTEPPICH
NW-Persien, Ende 18. Jahrhundert, Wolle; Länge 880 cm, Breite 289 cm.

Gartenlust und Blumenkunst

Das letzte Kapitel führt zurück zum Titel dieses Buches. In den Abbildungen stellt er sich ungewohnt dar. Prachtvolle Gartenanlagen bleiben ausgeblendet, kunstvolle Blumenbouquets ebenso. Was die Seiten zeigen, sind Szenen aus den Gärten der Phantasie. Sie machen Empfindungen sichtbar, Gefühle und Stimmungen, die Pflanzen in uns hervorrufen. Denn gesehen wird nicht, was das Auge wahrnimmt, sondern was die menschliche Phantasie daraus macht.

Imagination Garten

In Persien kamen vom 16. Jahrhundert an die sogenannten Gartenteppiche auf. Ihre von Miniaturenmalern entworfenen Knüpfmotive stellen einen stilisierten orientalischen Garten dar (→ Abb. oben): mit Blumenbeeten, Bächen und Fischteichen, Zypressenalleen und blühenden Obstbäumen. Zur schlechten Jahreszeit, wenn das unwirtliche Klima den Aufenthalt im Garten versagte, wurden sie hervorgeholt. Man nahm darauf Platz und fühlte sich umgehend von Bäumen und Blumen umgeben. Räucherwerk und Duftstoffe machten die Imagination vollkommen.

Tulpenteppich

Wer eintauchen möchte, kann dies tun. Im Museum für Islamische Kunst in Berlin ist das prächtige Exemplar zu bewundern. Für eine Ausstellung wurde es zum Leben erweckt (→ Abb. rechts und Seite 194/195). Auf einer Schwarzweiß-Fotografie des Teppichs, die seiner Originalgröße entsprach, erblühten Wildtulpen. Ursprünglich sind sie dort angesiedelt, wo auch der geknüpfte Garten entstand.

GÄRTNERISCHE KUNSTKNIFFE brachten die Tulpen zum Blühen. Das Foto lag auf feuchtem Vlies. In ihm wuchsen die Tulpen. Der "Teppich" wurde im Herbst in einer dunklen Garage ausgebreitet und bepflanzt. Bei einer konstanten Temperatur von 9 Grad Celsius entwickelten sich die Blütentriebe. Im März kam der Teppich im Gewächshaus ans Licht. Die Tulpen wuchsen vollends heran und erblühten.

Spanischer Nelkenkoffer 1986
Auf der Spitze der Zitronenpressen balanciert eine Flamencotänzerin. Eine rote Nelke schmückt ihren Kamm.

Dianthus caryophyllus - Die Nelke

Im Bann der Nelken
Schließt sich der Deckel, ist der Zauber vorbei.

»Clavelitos de mi corazon«
Die Musik rührt an, die Blume auch.

Zwei Nelkenbüschel flankieren den Garderobenspiegel, sie fächeln im Luftzug eines Ventilators. Der Plattenteller setzt sich in Bewegung und mit ihm der aufgerichtete Turm aus Zitronenpressen. An seiner Spitze balanciert eine Tänzerin (→ Abb. rechts und oben). »Clavelitos de mi corazon«, spanische Musikanten bringen ein Ständchen. »Nelke meines Herzens«, inbrünstig intoniert dringt das Volkslied aus dem Lautsprecher. Die Musik rührt an, - die Nelke auch. Das Gefühl, das eine Blume vermittelt, setzt sich aus unzähligen Eindrücken und den damit einhergehenden Empfindungen zusammen. Die während einer Reise über die iberische Halbinsel wahrgenommenen Bilder, in denen die Edelnelke in irgendeiner Form eine Rolle spielt, sind in einem Reisekoffer inszeniert (→ Abb. links und rechts). Die zusammengetragene Pflanzengeschichte der Nelke, lateinisch *Dianthus caryophyllus*, gleicht einem Vexierbild: Beim Betrachten des Koffers treten die erinnerten Bilder vor und zurück, sie überlagern sich. Das gefüllte Reiseutensil vom Flohmarkt der nordspanischen Stadt Zaragoza ist Souvenir, Altar und Urnenwand, Garderobe, Schminktisch oder die Theke der Bar: Ein Musterkoffer der Gefühle, welche die häufig und in vielen kunstgewerblichen Nachbildungen anzutreffende Edelnelke assoziiert.

Recherchierte Pflanzengeschichte

Ein subjektiver Impuls gibt den Anlaß zum Studium der Geschichte und zum Sammeln der Eindrücke und Dinge, die mit einer Pflanze in Verbindung stehen. Im vorliegenden Fall war es beruflich bedingte Aversion, die sich, einmal bewußt gemacht, in jahrelange Sammelleidenschaft verkehrte (→ Abb. Seite 200/201). Fünf Reisekoffer wurden über die Jahre mit der Nelkengeschichte bestückt. Die Idee kann aufgegriffen werden: Aus purem Vergnügen, oder um begreiflich zu machen, wie sich die von Pflanzen hervorgerufenen Empfindungen analysieren und umsetzen lassen. Tagebuch, Skizzenblock und Fotoapparat nutzten die Studenten eines Seminars an der Blochererschule für Grafikdesign in München, um entsprechendes Material für ihre eigene, in einem Reisekoffer zusammengetragene Pflanzengeschichte zu sammeln. In Bibliotheken und Museen wurde recherchiert, Interviews fanden statt. Schließlich reichten die realisierten Themen von Banane und Bier (Hopfen) bis hin zu Tee und Tabak.

GRANDIOSA CORRIDA TOROS
6 BRAVOS TOROS, 6
Francisco Rivera PAQUIRRI
José Cubero EL YIYO
Vicente
ZARAGOZA
65

Dianthomanie - Der Nelkenwahn

Nelken zählen zu den beliebtesten Schnittblumen. Sie zeichnen sich durch große Blüten sowie Haltbarkeit aus und sind ganzjährig erhältlich. Ihr Siegeszug begann um die Jahrhundertwende, als Pflanzenzüchter in den Vereinigten Staaten die großblütigen amerikanischen Remontantnelken auf den Markt brachten. Nach dem zweiten Weltkrieg kamen sie in Deutschland besonders in Mode. Nelkensträuße mit Spargelgrün wurden das floristische Statussymbol des einsetzenden Wirtschaftswunders.

"Beaschtpurpur" und "Flohviolett"

Die Wildform ist kleinblütig und ähnelt ungefüllten pinkfarbenen Gartennelken. Aus dem Mittelmeerraum gelangte sie mit den Kreuzfahrern über die Alpen. Sie wurde als Ersatz für die echte Gewürznelke *Syzygium aromaticum* gebraucht. Zur Zeit der Renaissance waren erste Kreuzungen in Südeuropa bereits beliebte Volksblumen. Diese kamen im 16. Jahrhundert nach Mitteleuropa und in die Gärten der reichen Bürger. Ein Portrait von Hans Holbein d. J. von 1532 zeigt den Kaufmann Georg Gisze mit drei Nelken. 1671 sind über einhundert Züchtungen der Gartennelke zu verzeichnen. Das achtzehnte Jahrhundert verfiel dem Nelkenwahn, der Dianthomanie. Wer etwas auf sich hielt, wurde Nelkenist. Ärzte und Advokaten beschäftigten sich mit der Nelkenzucht, vor allem aber damit, wie die unübersehbare Menge an Sorten besser zu überblicken wäre. Die vorgeschlagenen Nelkensysteme füllen Bände. Auch Goethe verfiel der Nelkensucht. In seinem Garten blühte es "gestreift" und "getuscht", "beaschtpurpur" und "flohviolett". Im Mittelalter war die Blume Mariensymbol, ihr wurden unheilabwehrende Kräfte zugesprochen. Politische Inhalte verknüpfen sich bis heute mit der roten Nelke.

Musterkoffer der Gefühle
1984
Die Vielfalt an kunstgewerblichen Nachbildungen und blumenbezogenen Accessoires belegt die Popularität der Edelnelke.

1 MAYIS '85
Barış
ve
Nelkenweg
Horst Biernath
NELKEN FÜRS KNOPFLOCH
0661
Zollamtlich
abgefertigt

Blütenschirm
Blüten der Weihnachtsnarzisse *Narcissus tazetta ssp. papyraceus* (→ Seite 179 bis 181); Papier, Leim, Schirmgestell. Kunst- und Lustgärtnerei, München 1997

TULIPA GESNERIANA 'ACUMINATA'
Zwiebeln der Horntulpe; Schuhe aus Papierpulp, Farbpigment "Pariser Blau", Großfotografie des Pflanzenetiketts Wasser.
Städtische Galerie, Würzburg 1993

Tulipa gesneriana 'Acuminata'

Inmitten der vielen barock anmutenden Gartentulpen erscheint die Horntulpe spitzhakig und mit hochgeklapptem Mantelkragen. Ihre Blütenblätter trägt sie als auftoupierte Strähnen granatrot gefärbt (→ Abb. rechts unten). Im Jahr 1813 sollen die eiförmigen Zwiebeln von *Tulipa gesneriana 'Acuminata'* aus der Türkei nach Deutschland gelangt sein. Im Garten erblühen sie im April.

Schuhe

Ein Damenschuh kann der Fetisch und der angebetete Gegenstand erotischer Wunschvorstellungen sein. 1822 berichtet Ludwig Börne aus Frankreich: »Die heuchlerische Kunst, den Fuß zugleich zu zeigen und zu verbergen, ist in Paris zur höchsten Vollkommenheit gebracht. Ihr dürft es einem unparteiischen Mann glauben: Die deutschen Schuhe, auch die besten, können sich selbst mit den gewöhnlichen Parisern nicht vergleichen. Die letzteren haben einen Schmelz, einen Anhauch, ein Etwas, ein Nichts, nur der Pinsel eines Malers könnte das anschaulich machen.«

"Pariser Blau"

Das geistige Auge erwidert den Blick auf die Tulpengestalt mit dem Bild von blauen Pumps (→ Abb. links und rechts oben). Sie finden sich nach langwierigem Suchen. Um sie den Pflanzen beizugesellen, muß erst das oben Zitierte extrahiert werden: Gefragt ist nicht der Schuh selbst, sondern sein Anhauch, sein Etwas, sein Nichts. Das Vorhaben gelingt mit Papierpulp und Farbpigment "Pariser Blau". Die Pumps werden mit Öl bestrichen und in zwei Längshälften in Gips abgeformt. Mit Papierpulp wird die Wand des Negativs ausgekleidet, die Masse angedrückt und getrocknet, die Schuhhälften entnommen und zusammengeklebt. Das Pigment wird mit Wasser und Bindemittel angerührt (→ Seite 65 und Seite 68), die Schuhe damit bestrichen und mit dem reinen Farbpulver bestäubt. Dies ergibt die Samtstruktur. Die Tulpen wachsen auf einem Klümpchen feuchter Papiermasse und bis zur Ausstellung unter ausgeklügelten klimatischen Wachstumsbedingungen (→ Seite 197).

Pariser Blau
Das künstliche Mineralpigment macht die Schuhe zum Anhauch, zum Etwas, zum Nichts.

Erdzwiebel

Ob der in Blüte stehende Teppich (→ Abb. Seite 194 bis Seite 197), die sprossenden Schuhe (→ Abb. Seite 204/205) oder die treibende Erdzwiebel (→ Abb. links und rechts), der miteinbezogene Wachstumsprozeß der Tulpen macht diese Pflanzenstücke zu dem, was sie sind. Für ein originelles Foto oder die schnelle Dekoration ließen sich freilich auch alle Zutaten wie ein Blumengebinde zusammenstecken. Die Wirkung wäre ähnlich, aber nicht annähernd so prickelnd. Denn die größte Spannung birgt der Moment, in dem sich entscheidet, ob das gärtnerische Know-how tatsächlich genügt, um die vor dem inneren Auge entstandenen Pflanzenbilder zum Wachsen zu bringen. Erst wenn dies gelingt, entscheidet sich, ob die intuitiv ausgewählten künstlerischen Stilmittel stimmig zueinander finden. Pflanzen sind vergänglich, die Momente, in denen das ersehnte Bild leibhaftig vor einem steht, währen kurz.

Vergilbte Triebe

Im Licht färben sich alle mit Chlorophyll bestückten Pflanzenteile umgehend grün, die Photosynthese setzt ein (→ Seite 168). Das innere Bild jedoch, zeigte die jungen Tulpensprosse der Erdzwiebel vergilbt, wie es bei unterirdischem Triebwachstum zu beobachten ist. Aus diesem Grund wuchs das Pflanzenstück eingebettet in Erde und abgedunkelt in einer Kiste heran (→ Abb. rechts unten). Nur für die kurze Zeit der Fotoaufnahmen wurde die Folienabdeckung entfernt, die Erdzwiebel entnommen und ins Licht gestellt (→ Abb. links und rechts oben). Bei Tulpenschuhen und -teppich wird auf Erde verzichtet, dadurch tritt der Pflanzencharakter markant hervor. An dieser Stelle ist sie miteinbezogen. Die applizierten Tulpen wachsen in ihr und außen bedeckt sie, durch aufgegossenes Wachs fixiert, die Zwiebelform aus Drahtgeflecht und Alabastergips.

Tulpenzwiebeln sind in das zur Zwiebel geformte Drahtgitter eingegipst. Innen wachsen die Triebe (→ Abb. oben links). Der Zwiebelboden sitzt außen, hat Kontakt zur Erde und treibt Wurzeln. Die Erdzwiebel wurde im Dezember gebaut und erblühte, eingebettet in eine dunkle Kiste, im Februar.

Erdinger Moos - München 2

»Der neue Flughafen München 2 wird eine eigene, unverwechselbare Identität erhalten: Waldartige Anpflanzungen innerhalb und außerhalb des Geländes, ebenso Windschutzmaßnahmen und eine ganzjährige, geschlossene Vegetationsdecke werden den Lebensraum für eine artenreiche Flora und Fauna geben und ihren Bestand sichern. Durch die Verwendung der bodenständigen Vegetation der Münchener Schotterebene, nämlich von Gesellschaften der Stieleichen-Hainbuchen-Wälder, wird ein "Flughafen in der Landschaft" verwirklicht. Es entsteht ein "grüner Flughafen" durch ausgedehnte Grünanlagen bei den Parkplätzen, durch dichte wandartige Alleen entlang der Betriebsanlagen und durch Eingrünung der Bauten.«

Von Natur durchdrungen

Die "Informationen zum Luftverkehr" vom Dezember 1987, Seite 132 bis Seite 134, zur naturnahen Gestaltung des neuen Flughafens im Erdinger Moos, wurden aus Anlaß der 2. Internationalen Biennale der Papierkunst erwidert. Eineinhalb Jahre lang, von Januar 1987 bis Mitte des Jahres 1988, wurden mehrere ganzseitige Werbeanzeigen der Deutschen Lufthansa an einer feuchten Gewächshausmauer dem Wachstum von Moos und Algen ausgesetzt. Die Anzeigen stammten aus einer Werbekampagne der Fluggesellschaft. 1986 wurden sie der Süddeutschen Zeitung und der Wochenzeitung "Die Zeit" entnommen, ihre Rückseiten jeweils mit Nessel verstärkt und plan fixiert. Während der achtzehn Monate und unter dem Einfluß hoher Luftfeuchtigkeit und Wärme im Inneren des Glashauses, durchdrangen die Pflanzen das Papier. Je nach Feuchtigkeitsgehalt der Wand, nahmen Moos und Algen die Papierfläche mehr oder weniger in Beschlag (→ Abb unten und rechts). Für die Ausstellung wurden die Dimensionen mit einem Kunstgriff verschoben; Details herausfotografiert und in fünf aneinander gereihten Segmenten von jeweils 250 cm Höhe und 100 cm Breite als Großfotografie präsentiert (→ Abb. unten links).

München 2
Moospflanzen, Algen; Papier, Nessel, Wasser.
2. Internationale Biennale der Papierkunst
Leopold-Hoesch-Museum, Düren 1988

Lufthan

HN

thansa
HN

Blütenkelche

Die größte Anziehungskraft geht von den Blüten aus. Den Menschen drängt es zur Farbe, zur ganzjährig verfügbaren, tropischen Buntheit. Der Grund mag an seiner eiszeitlichen Prägung liegen. Unbewußt wendet er sich ab vom ewigen Eis, aber auch vom latent und in Mengen vorhandenen Grün der Pflanzen und dem Braun der Erde. Magisch zieht es ihn in Richtung der Farben, welche die Natur nur in geringen Anteilen zu bieten hat, zu den Primärfarben Gelb, Rot und Blau sowie zur Palette der Sekundärfarben zwischen Orange und Violett. Was selten zu haben ist, erscheint als besonders begehrenswert. Doch Blüten machen sich zusätzlich rar. Nur für einen sehr kurzen Zeitraum werden sie von der Pflanze zur Schau gestellt. Ist die Bestäubung vollzogen, verwelkt die Pracht.

Alle Lust will Ewigkeit

Dieser Wunsch birgt den Widerspruch in sich, denn der höchste Genuß gründet in der Flüchtigkeit des Augenblicks. Ein auf die Dauer gleichbleibender Reiz, läßt die Sinne abstumpfen. Und dennoch, der dringende Wunsch hält an: Die vergängliche Schönheit der Blume soll fixiert werden. Dafür wurden viele Möglichkeiten erdacht. Ein nicht geringer Teil ist aus ästhetischer Sicht fragwürdig: Nachbildungen von Blumen sind originell und ein interessantes Zeugnis der Kulturgeschichte und Volkskunde (→ Seite 198 bis Seite 201), einen Genuß für die Sinne bergen sie nur in seltenen Ausnahmen.

Veränderte Wirkung

Ob Textilblume oder Pflanzenfotografie, das Abbild einer Blüte läßt die Schönheit des Originals höchstens erahnen. Am Gestalter ist es, sie nicht nachzubilden, sondern durch seine persönliche Interpretation vor den Augen des Betrachters wieder aufleben zu lassen. Dabei gilt es, die Eigenheiten der verwendeten Gestaltungselemente genau zu berücksichtigen. Eine getrocknete Blume wirkt anders als eine soeben frisch erblühte. Durch den Wasserentzug verliert sie ihre seidene oder samtene Stofflichkeit. Sie gewinnt Ähnlichkeit mit Papier, wird leicht, fragil und brüchig; die Intensität der Farbe läßt nach. Trotzdem, - die ursprüngliche Frische und Transparenz läßt sich auch mit den getrockneten Blüten heraufbeschwören. Ihrer Konsistenz entspricht transparentes Papier. Es dient an dieser Stelle als vorzügliches Trägermedium für die aufgeklebten frischen Blüten von Engelstrompete (→ Abb. links), Tabak und Prunkwinden (→ Abb. oben) oder anderen Pflanzen (→ Abb. Seite 202/203 und Seite 212/213). Die Blüten werden aufgeklebt und trocknen dann ein.

Gefäss-abformungen aus Papier (→ Abb. links) mit Blüten von Tabak *Nicotiana sylvestris* (→ Abb. Seite 92/93) und Prunkwinde *Pharbitis nil* (→ Abb. Seite 139). Ein eigenwilliger Reiz geht von der Engelstrompete *Datura aus* (→ Abb. links außen und Seite 98).

Blüte, Kelch, Glas, Blume, Topf
Ausstellung "Garten München 1996"

Becher, Schalen, Teller

Blüten sind Behältnisse. In ihnen offeriert die Pflanze den Insekten ihren Nektar und Pollen. Selbst die Blütenbiologie wählt entsprechende Begriffe zur Kennzeichnung der Blütengestalt. Sie spricht von den Becher-, Schalen- oder Stieltellerblumen. Dieser Aspekt wurde aufgegriffen: Die Basis der geschaffenen "Blütenkelche" sind Papierabformungen von Pflanzgefäßen (→ Seite 214/215).

Blütenkelche
Sie interpretieren die flüchtige Schönheit von Phlox *Phlox-Paniculata-Hybriden* (→ Abb. links), Prunkwinde *Pharbitis nil* (→ Abb. unten und Seite 139) und Nachtkerze *Oenothera biennis* (→ Abb. rechts).

Transparent und lichtdurchflutet
Gefäßabformungen mit den eingetrockneten Blüten von Maurandie *Asarina barclaiana* (→ Abb. links und Seite 139), Zaunwinde *Calystegia sepium* (→ Abb. unten) und Jasmin *Jasminum* (→ Abb. rechts).

1. Topfwand abformen

2. Boden einsetzen

3. Leim vorbereiten

4. Blüten ankleben

5. Rand einfassen

Blütenkelche gestalten

Benötigt werden Transparentpapier, Leim und frische Blüten. Diese müssen in ausreichender Menge vorhanden sein, denn die Kelchwände haben eine beträchtliche Fläche. Die größte Auswahl findet sich im Sommer. Becher-, schalen- und kelchförmige Blüten sind am besten geeignet. Sie werden frisch gepflückt und umgehend, mit der Oberseite voraus aufgeklebt. Sie dürfen weder vom Tau noch vom Regen benetzt sein. Idealerweise arbeitet man an einem kühlen, schattigen Platz. Damit alles zügig vonstatten geht, baut man vor dem Pflücken die Grundform und benutzt zum Aufkleben schnellabbindenden Express-Leim. Er trocknet farblos aus. Bis eine Blüte haftet, streicht man einige Male mit einem weichen Lappen über die Klebestellen. Eventuell auftretende Leimnasen werden sofort entfernt. Transparentes Zeichenpapier ist ideal und in den unterschiedlichsten Stärken und Breiten auf Rollen erhältlich. Üblicherweise wird es von Architekten und Bauzeichnern verwendet. Man erhält es in Geschäften für Zeichen- und Grafikbedarf. Je größer ein Kelch werden soll, umso stärker muß das Papier sein. Als Alternative kann haushaltsübliches Pergamentpapier verwendet werden. Es ist wesentlich dünner als Zeichenpapier, deshalb muß es in mehreren Schichten verklebt werden.

Sie benötigen:

Für die Kelchform
Transparentpapier

Zum Bekleben
frisch geschnittene Blüten

Werkzeug und Hilfsmittel
1 Tontopf zum Abformen, Papierschere, Express-Leim, Wasser, Pinsel, Lappen, Becher, Abdeckfolie

So wird's gemacht:

1. Topfwand abformen:
Den Topf nur mit einer Lage Papier umwickeln. Anfang und Ende überlappen lassen und zusammenkleben. Das Papier unten plan mit dem Topfboden abschneiden, oben in der gewünschten Höhe einkürzen.

2. Boden einsetzen:
Einen Kreis schneiden, sein Durchmesser muß 6 cm größer sein als der Topfboden. Vom Rand her 3 cm tief und in geringen Abständen einschneiden. Den Topf zentriert darauf stellen, Laschen mit Leim bestreichen, hochklappen und andrücken. Den Topf herausnehmen, die Form trocknen lassen.

3. Leim vorbereiten:
Leim in ein Schälchen füllen, mit Wasser verdünnen. Die Konsistenz hängt von den Blüten ab. Bei zarten Blütenblättern muß mehr verdünnt werden. Die Blüten kopfüber mit Leim benetzen.

4. Blüten ankleben:
Gefäß auf den Kopf stellen, jede Blüte vorsichtig mit dem Lappen andrücken.

5. Rand einfassen:
Den Topf umdrehen und den inneren Papierrand mit Blüten bekleben.

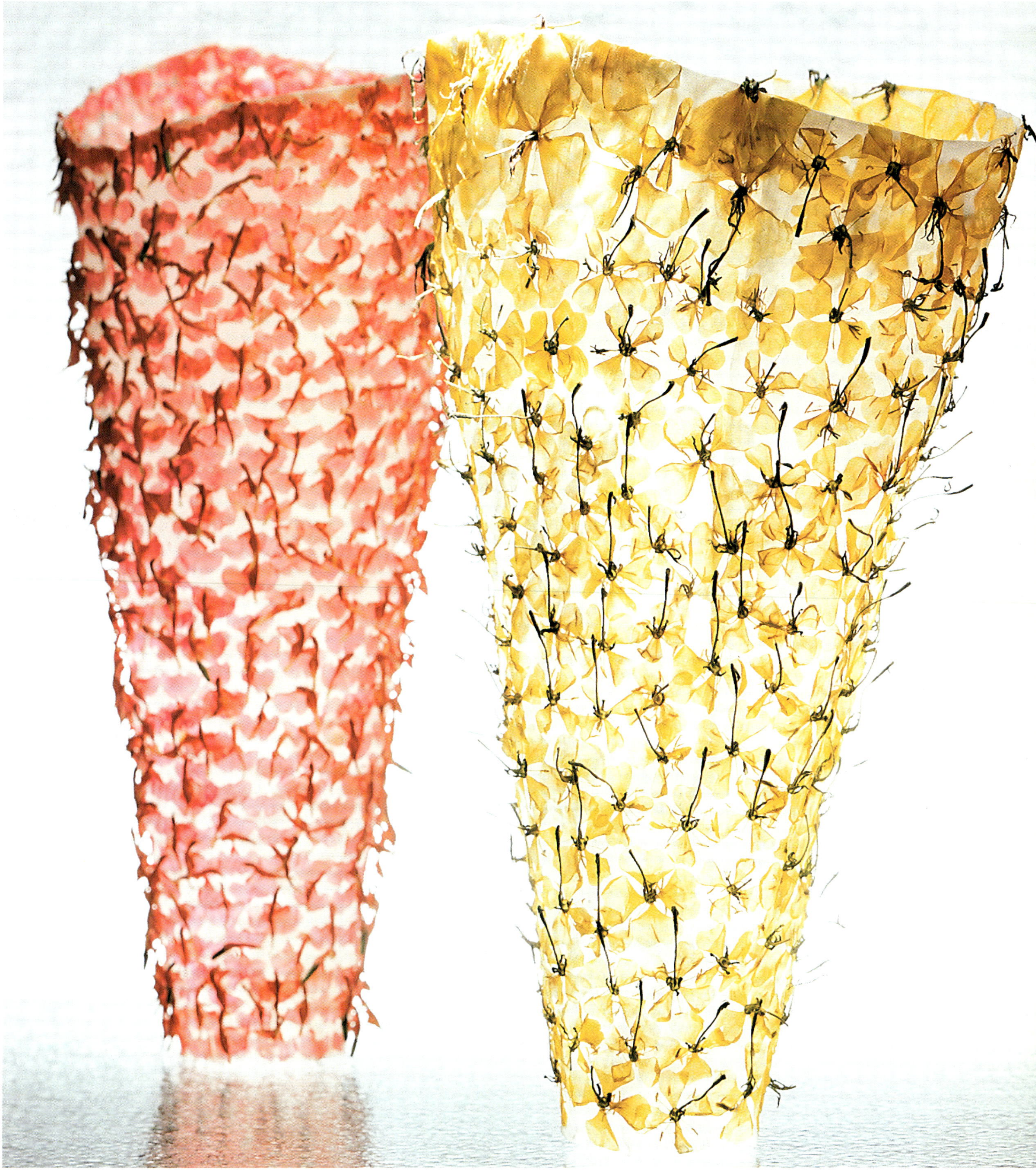

Blütenkelche mit gelber Nachtkerze *Oenothera biennis* und rotem Salbei *Salvia microphylla* (→ Abb. Seite 58).

Hyacinthus kopfüber

Hyacinthus kopfüber
Hyazinthen; Papierhütchen und -töpfe, Sand, Wasser.
Städtische Galerie, Würzburg 1993.
In Reih und Glied stehen die Hyazinthen nur zu Beginn. Nach und nach heben sie ihre Hüte, werfen sie ab, erblühen und kippen. 1914, über zweihundert Jahre nach J. A. Grotjan, widmet sich Max Hesdörffer im "Handbuch der praktischen Zimmergärtnerei" ausführlich der Hyazinthenanzucht auf Wassergläsern (→ Abb. unten).

Als Zwiebel ruht die Hyazinthe noch in sich selbst. Diese Ausgewogenheit verliert sich, die wächserne Blütentraube treibt es hoch hinaus. Ihr Gewicht verlagert sich. Es steigt der Pflanze buchstäblich zu Kopfe. Im Höherwerden hebt die Knospe den Hut, im Erblühen wird er abgeworfen, die Blume kippt, - Hyacinthus kopfüber!

»Im Monat April ...

des 1747sten Jahres, zeichnete ich nach dem §.4. eine wohlblühende weiße einfache Hyazinthe im Garten aus und ließ selbige bis im Monat Julium im Lande so lange ruhig stehen, bis das Laub an ihr zu verwelken begunte, da ich sie alsofort ausnahm, und nach dem §.8. abtrocknete, auch, als dieses geschehen, nach dem §.12. in Sand legte, hierauf ihr einen solchen Ort gab, wie der §.13. erfordert. Zu dieser Zwiebel griff ich, und legte sie den 29. December 1747. unserem §.16. gemäß, vermittelst eines Blumenglases, aufs Wasser, das die Temperatur hatte welche der §.19. beschreibt, ich gab ihr nach dem §.18. eine Stelle im Fenster, und sie erhielt nach Erfordern des §.20. alltäglich frisch Wasser, die Wärme der Stube war beschaffen, wie der §.21. und §.23. solches beschrieben. Diese Zwiebel setzte nach wenigen Tagen Wurzeln an. Auch nachdem diese das Glas ziemlich erfüllet, fing am 26. Tage nach geschehenem Auflegen, war der 24. Januar 1748. eine Blume an selbiger aufzublühen an, welche von vortrefflichem Wohlgeruch und von Ansehen noch größer und schöner war, als die im Lande zu seyn pflegen. Sie blieb acht Tage lang zu einem Bouquet tauglich und gut. Ihre beste Beschaffenheit und den schönsten Geruch hatte sie den 26. 27. und 28. Januarii. Den 2. Februarii hatte sich ihr bestes Ansehen verloren.«

»Physikalische Winterbelustigung ...

mit Hyazinthen, Jonquillen, Tazetten, Tulipanen, Nelken und Levkojen«, der Inhalt des Buches hält, was der Titel verspricht. Minutiös und nach Paragraphen geordnet, schildert Johann August Grotjan im Jahr 1774 die winterliche Hyazinthentreiberei auf Wasser. Die speziellen Gläser sind wieder in Mode, ebenso die Hütchen (→ Abb. unten und rechts). Sie werden den Zwiebeln übergestülpt, bis sich Wurzeln und Trieb in der Dunkelheit des Hütchens und an einem kühlen Platz ausreichend entwickelt haben. Mit einer aufwendigen Prozedur von Kühlperioden brachte Grotjan die Pflanzen zur vorzeitigen Blüte. Heute ersparen Gärtner dem Hyazinthenliebhaber diese Mühe. Sie "präparieren" die Zwiebeln und bringen sie in den Handel.

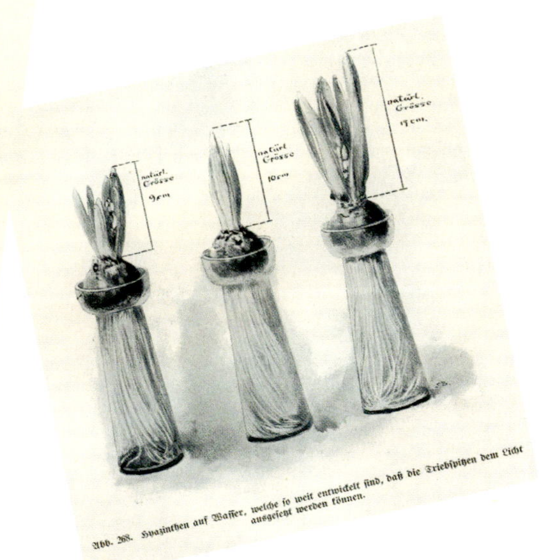

Lola
Hyazinthen-
pflanzen
Hyacinthus orientalis;
Polstersessel,
Puppen-
gesichter,
Erde, Wasser.
Kunst- und
Lustgärtnerei,
München 1997

Name deutsch	Name latein	Sorte	Familie	Heimat	Blütenfarbe	Blütenduft	Blütezeit
Hafer	**Avena sativa**		Süßgräser Gramineae	unbekannt	grün		VI-VII
Raps	**Brassica napus ssp. napus**		Kreuzblütler Cruciferae	nur in Kultur	gelb		IV-IX
Kichererbse	**Cicer arietinum**		Hülsenfrüchtler Leguminosae	unbekannt	blau, rötlich, weiß		VI-VIII
Kürbis	**Cucurbita pepo**		Kürbisgewächse Cucurbitaceae	M-Amerika	gelb		VI-VIII
Buchweizen	**Fagopyrum esculentum**		Knöterichgewächse Polygonaceae	Sibirien, China	weiß		VI-VIII
Gelbe Sojabohne	**Glycine max**		Hülsenfrüchtler Leguminosae	nur in Kultur	violett-weiß		VI-VII
Sonnenblume	**Helianthus annuus**		Korbblütler Compositae	N-Amerika, N-Mexiko	gelb		VII-X
Gerste	**Hordeum vulgare**		Süßgräser Gramineae	nur in Kultur	grün		VI-VII
Linse	**Lens culinaris**		Hülsenfrüchtler Leguminosae	unbekannt	blau gestreift		VI-VIII
Gartenkresse	**Lepidium sativum**		Kreuzblütler Cruciferae	N-Afrika, Asien	weiß		VI-VIII
Lein	**Linum usitatissimum**		Leingewächse Linaceae	nur in Kultur	blau		VI-VII
Hornklee	**Lotus corniculatus**		Hülsenfrüchtler Leguminosae	Europa, N-Afrika	gelb		V-VIII
Wilde Malve	**Malva sylvestris**		Malvengewächse Malvaceae	Asien, Mittelmeergebiet	lila		VII-IX
Luzerne (Alfalfa)	**Medicago sativa**		Hülsenfrüchtler Leguminosae	M-Asien	blau		VI-IX
Esparsette	**Onobrychis viciifolia**		Hülsenfrüchtler Leguminosae	unbekannt	rosa		V-VII
Rispenhirse	**Panicum miliaceum**		Süßgräser Gramineae	SO-Asien	grün		VII-VIII
Klatschmohn	**Papaver rhoeas**		Mohngewächse Papaveraceae	Europa, Asien	rot		V-VII
Bienenfreund	**Phacelia congesta**		Wasserblattgewächse Hydrophyllaceae	Texas, New Mexiko	blau		VII-IX
Erbse	**Pisum sativum**		Hülsenfrüchtler Leguminosae	nur in Kultur	gelb, weiß, grün		VI-VII
Rettich	**Raphanus sativus var. niger**		Kreuzblütler Cruciferae	Vorderasien	weiß		V
Radieschen	**Raphanus sativus var. sativus**		Kreuzblütler Cruciferae	Vorderasien	weiß		V
Senf	**Sinapsis alba**		Kreuzblütler Cruciferae	Vorderasien, Mittelmeergebiet	gelb		VI-VII
Bockshornklee	**Trigonella foenum-graecum**		Hülsenfrüchtler Leguminosae	Asien, Mittelmeergebiet	gelblich-weiß		IV-VII
Weizen	**Triticum aestivum**		Süßgräser Gramineae	nur in Kultur	grün		VI-VII
Adzukibohne	**Vigna angularis**		Hülsenfrüchtler Leguminosae	unbekannt	weiß		VII-IX
Mungobohne	**Vigna radiata var. radiata**		Hülsenfrüchtler Leguminosae	unbekannt	weiß		VI-IX

Wuchshöhe	Standort	Vermehrung	Gießen	Lebensdauer	Besonderheiten
80 cm	Sonne	Samen	mittlerer Wasserbedarf	einjährige Pflanze	Sprossen eßbar
50 cm	Sonne	Samen	mittlerer Wasserbedarf	einjährige Pflanze	Futterpflanze, Bienenweide
30 cm	Sonne	Samen	mittlerer Wasserbedarf	einjährige Pflanze	Sprossen eßbar
rankend	Sonne, Halbschatten	Samen	hoher Wasserbedarf	einjährige Pflanze	Sprossen eßbar
40 cm	Sonne	Samen	mittlerer Wasserbedarf	einjährige Pflanze	Futterpflanze
50 cm	Sonne	Samen	hoher Wasserbedarf	einjährige Pflanze	Sprossen eßbar
2 m	Sonne	Samen	mittlerer Wasserbedarf	einjährige Pflanze	Sprossen eßbar, Ölpflanze
50 cm	Sonne	Samen	mittlerer Wasserbedarf	einjährige Pflanze	Sprossen eßbar
50 cm	Sonne	Samen	mittlerer Wasserbedarf	einjährige Pflanze	Sprossen eßbar, Futterpflanze
10 cm	Sonne, Halbschatten	Samen	mittlerer Wasserbedarf	einjährige Pflanze	Sprossen eßbar
80 cm	Sonne	Samen	mittlerer Wasserbedarf	einjährige Pflanze	Sprossen eßbar, Ölpflanze
40 cm	Sonne	Samen	mittlerer Wasserbedarf	mehrjährige Pflanze	Futterpflanze
90 cm	Sonne	Samen	mittlerer Wasserbedarf	einjährige Pflanze, zweijährige Pflanze	Heilpflanze, Äsungspflanze
80 cm	Sonne, Halbschatten	Samen	mittlerer Wasserbedarf	einjährige Pflanze	Sprossen eßbar, Futterpflanze
40 cm	Sonne, Halbschatten	Samen	mittlerer Wasserbedarf	mehrjährige Pflanze	Futterpflanze
40 cm	Sonne	Samen	mittlerer Wasserbedarf	einjährige Pflanze	Sprossen eßbar
60 cm	Sonne	Samen	mittlerer Wasserbedarf	einjährige Pflanze	Wildpflanze
60 cm	Sonne	Samen	mittlerer Wasserbedarf	einjährige Pflanze	Gründüngung
60 cm	Sonne	Samen	mittlerer Wasserbedarf	einjährige Pflanze	Sprossen eßbar
30 cm	Sonne, Halbschatten	Samen	mittlerer Wasserbedarf	einjährige Pflanze	Sprossen eßbar
15 cm	Sonne, Halbschatten	Samen	mittlerer Wasserbedarf	einjährige Pflanze	Sprossen eßbar
60 cm	Sonne	Samen	mittlerer Wasserbedarf	einjährige Pflanze	Sprossen eßbar, Gründüngung
50 cm	Sonne, Halbschatten	Samen	mittlerer Wasserbedarf	einjährige Pflanze	Sprossen eßbar, Heilpflanze
50 cm	Sonne	Samen	mittlerer Wasserbedarf	einjährige Pflanze	Sprossen eßbar
80 cm	Sonne	Samen	mittlerer Wasserbedarf	einjährige Pflanze	Sprossen eßbar
50 cm	Sonne	Samen	mittlerer Wasserbedarf	einjährige Pflanze	Sprossen eßbar

- Sonne
- Halbschatten
- Schatten
- Samen
- Blattsteckling
- Wurzelsteckling
- Knolle
- Zwiebel
- einjährige Pflanze
- zweijährige Pflanze
- mehrjährige Pflanze
- geringer Wasserbedarf
- mittlerer Wasserbedarf
- hoher Wasserbedarf
- frostfrei überwintern
- Pflanze enthält giftige oder allergieauslösende Stoffe.

Handelsnamen oder weitere Pflanzenbezeichnungen stehen in Klammern.

Name deutsch	Name latein	Sorte	Familie	Heimat	Blütenfarbe	Blütenduft	Blütezeit
Stachelmohn	**Argemone mexicana**	'Yellow Lustre'	Mohngewächse Papaveraceae	Mexiko, Afrika, Asien	gelb		VI-IX
Blauer Meister	**Asperula orientalis**		Krappgewächse Rubiaceae	SW-Asien	blau	honigartig	V-IX
Aufrechte Winde	**Convolvulus tricolor**		Windengewächse Convolvulaceae	Mittelmeergebiet	rosa, blau, weiß		VI-IX
Kapringelblume	**Dimorphoteca pluvialis**		Korbblütler Compositae	S-Afrika	weiß		V-VIII
Kapringelblume	**Dimorphoteca sinuata**	'Sommermode'	Korbblütler Compositae	S-Afrika	orange, gelb, creme		V-VIII
Schlafmützchen (Goldmohn)	**Eschscholzia californica**		Mohngewächse Papaveraceae	Californien	gelb, orange, rot, weiß		V-X
Sonnenfreund	**Heliophila longifolia**		Kreuzblütler Cruciferae	S-Afrika	blau	honigartig	V-VIII
Hunnemannie	**Hunnemannia fumariifolia**		Mohngewächse Papaveraceae	Mexiko	gelb		VI-IX
Großblütiger Venusspiegel	**Legousia pentagonia**		Glockenblumengewächse Campanulaceae	Mittelmeergebiet	violett	honigartig	V-VIII
Venusspiegel	**Legousia speculum-veneris**		Glockenblumengewächse Campanulaceae	Mittelmeergebiet	violett	honigartig	V-VIII
Sumpfblümchen	**Limnanthes douglasii**		Sumpfblumengewächse Llmnanthaceae	Californien	gelb-weiß	honigartig	V-VI
Leinkraut	**Linaria maroccana**	'Northern Lights'	Braunwurzgewächse Scrophulariaceae	N-Afrika	bunt		V-IX
Leinkraut	**Linaria reticulata**	'Crown Jewels'	Braunwurzgewächse Scrophulariaceae	N-Afrika	weinrot-orange		V-IX
Malcolmie	**Malcolmia maritima**		Kreuzblütler Cruciferae	Griechenland	rosa, lila, weiß	honigartig	V-VIII
Bunter Elfenspiegel	**Nemesia-Hybriden**	'Karneval'	Braunwurzgewächse Scrophulariaceae	S-Afrika	bunt	honigartig	V-VIII
Geflecktes Liebeshainblümchen	**Nemophila maculata**	'Five Spot'	Wasserblattgewächse Hydrophyllaceae	Californien	violett-weiß	honigartig	V-VIII
Blaues Liebeshainblümchen	**Nemophila menziesii**	'Baby Blue Eyes'	Wasserblattgewächse Hydrophyllaceae	Californien	hellblau	honigartig	V-VIII
Dunkles Liebeshainblümchen	**Nemophila menziesii**	'Penny Black'	Wasserblattgewächse Hydrophyllaceae	Californien	weinrot	honigartig	V-VIII
Weißes Liebeshainblümchen	**Nemophila menziesii var. atomaria**	'Snowstorm'	Wasserblattgewächse Hydrophyllaceae	Californien	weiß	honigartig	V-VIII
Blaue Glockenwinde	**Nolana paradoxa**	'Blue Bird'	Glockenwindengewächse Nolanaceae	Chile	blau		VI-VIII
Weiße Glockenwinde	**Nolana paradoxa**	'Snowbird'	Glockenwindengewächse Nolanaceae	Chile	weiß		VI-VIII
Glockenphacelie	**Phacelia campanularia**	'Tropical Surf'	Wasserblattgewächse Hydrophyllaceae	Californien	azurblau		V-VIII
Glockenphacelie	**Phacelia parryi**	'Royal Admiral'	Wasserblattgewächse Hydrophyllaceae	Californien, Mexiko	dunkelblau		V-VIII
Kleinblütige Tagetes	**Tagetes tenuifolia**		Korbblütler Compositae	M-Amerika	gelb, orange	würzig	V-IX
Weiße Venidie	**Venidium fastuosum**	'Zulu Prince'	Korbblütler Compositae	S-Afrika	weiß		V-VIII
Orangefarbene Venidie	**Venidium fastuosum**	'Exotic'	Korbblütler Compositae	S-Afrika	orange		V-VIII

Wuchshöhe	Standort	Vermehrung	Gießen	Lebensdauer	Besonderheiten
40 cm	Sonne	Samen	gering	einjährig	Empfehlung! Nicht im Kapitel erwähnt. ☠
20 cm	Sonne, Halbschatten	Samen	mittel	einjährig	Nur ganz frische Samen keimen gut.
30 cm	Sonne, Halbschatten	Samen	mittel	einjährig	Rückschnitt verlängert die Blütezeit.
30 cm	Sonne, Halbschatten	Samen	mittel	einjährig	hoher Nährstoffbedarf
20 cm	Sonne, Halbschatten	Samen	mittel	einjährig	Der Wurzelballen darf nicht austrocknen.
20 cm	Sonne, Halbschatten	Samen	gering	einjährig, mehrjährig, frostfrei überwintern	Bei frostfreier Überwinterung mehrjährig. ☠
30 cm	Sonne, Halbschatten	Samen	mittel	einjährig	Folgeaussaaten verlängern den Flor.
25 cm	Sonne	Samen	gering	einjährig	Empfehlung! Nicht im Kapitel erwähnt. ☠
20 cm	Sonne, Halbschatten	Samen	mittel	einjährig	Empfehlung! Nicht im Kapitel erwähnt.
15 cm	Sonne, Halbschatten	Samen	mittel	einjährig	Folgeaussaaten verlängern den Flor.
10 cm	Sonne, Halbschatten	Samen	mittel	einjährig	Vermehrt sich durch Selbstaussaat.
30 cm	Sonne, Halbschatten	Samen	mittel	einjährig	Rückschnitt verlängert die Blütezeit.
25 cm	Sonne, Halbschatten	Samen	mittel	einjährig	Rückschnitt verlängert die Blütezeit.
30 cm	Sonne, Halbschatten	Samen	mittel	einjährig	Vermehrt sich durch Selbstaussaat.
20 cm	Sonne, Halbschatten	Samen	mittel	einjährig	Rückschnitt verlängert die Blütezeit.
10 cm	Sonne, Halbschatten	Samen	mittel	einjährig	Folgeaussaaten verlängern den Flor.
10 cm	Sonne, Halbschatten	Samen	mittel	einjährig	Folgeaussaaten verlängern den Flor.
10 cm	Sonne, Halbschatten	Samen	mittel	einjährig	Folgeaussaaten verlängern den Flor.
10 cm	Sonne, Halbschatten	Samen	mittel	einjährig	Folgeaussaaten verlängern den Flor.
15 cm	Sonne, Halbschatten	Samen	mittel	einjährig	Wuzelballen nicht austrocknen lassen.
15 cm	Sonne, Halbschatten	Samen	mittel	einjährig	Empfehlung! Nicht im Kapitel erwähnt.
15 cm	Sonne, Halbschatten	Samen	mittel	einjährig	Folgeaussaaten verlängern den Flor.
15 cm	Sonne, Halbschatten	Samen	mittel	einjährig	Folgeaussaaten verlängern den Flor.
15 cm	Sonne, Halbschatten	Samen	mittel	einjährig	anspruchslos
40 cm	Sonne, Halbschatten	Samen	mittel	einjährig	Verblühtes einschließlich des Stengels entfernen.
40 cm	Sonne, Halbschatten	Samen	mittel	einjährig	Verblühtes einschließlich des Stengels entfernen.

- Sonne
- Halbschatten
- Schatten
- Samen
- Blattsteckling
- Wurzelsteckling
- Knolle
- Zwiebel
- einjährige Pflanze
- zweijährige Pflanze
- mehrjährige Pflanze
- geringer Wasserbedarf
- mittlerer Wasserbedarf
- hoher Wasserbedarf
- frostfrei überwintern
- ☠ Pflanze enthält giftige oder allergieauslösende Stoffe.

Handelsnamen oder weitere Pflanzenbezeichnungen stehen in Klammern.

Name deutsch	Name latein	Sorte	Familie	Heimat	Blütenfarbe	Blütenduft	Blütezeit
Luftzwiebel (Etagenzwiebel)	**Allium cepa var. viviparum**		Liliengewächse Liliaceae	nur in Kultur	weiß		V-X
Gauchheil	**Anagallis monelli**	'Skylover'	Primelgewächse Primulaceae	SW-Europa, N-Afrika	blau		VI-IX
Hängendes Löwenmäulchen	**Anthirrhinum repens**	'Clownerie weiß'	Braunwurzgewächse Scrophulariaceae	Mittelmeergebiet, N-Amerika	weiß		V-X
Knollenbegonie	**Begonia-Knollen-begonien-Hybriden**		Schiefblattgewächse Begoniaceae	Amerika, Asien, Afrika	gelb, orange, rot, rosa, weiß		IV-X
Zweizahn	**Bidens ferulifolia**	'Samsara'	Korbblütler Compositae	Mexiko	gelb		V-X
Niederliegender Boretsch	**Borago pygmaea**		Boretschgewächse Boraginaceae	Sardinien, Korsika	hellblau		VII-X
Rotkohl	**Brassica oleracea var. capitata**		Kreuzblütler Cruciferae	nur in Kultur	gelb		VI
Ringelblume	**Calendula officinalis**	'Fiesta Gitana Mischung'	Kreuzblütler Cruciferae	Mittelmeergebiet	orange, gelb, creme	würzig, süß	V-IX
Schönkopf	**Calocephalus brownii**		Kreuzblütler Cruciferae	Australien	gelb		VIII
Kornblume	**Centaurea cyanus**	'Jubilee Gem'	Kreuzblütler Cruciferae	Mittelmeergebiet	blau		V-VIII
Wassermelone	**Citrullus lanatus var. vulgaris**	'Sugar Baby'	Kürbisgewächse Cucurbitaceae	Subtropen	gelb		VI-IX
Blaue Mauritius	**Convolvulus sabatius**		Windengewächse Convolvulaceae	Mittelmeergebiet	blau		V-X
Zymbelkraut	**Cymbalaria muralis**		Braunwurzgewächse Scrophulariaceae	S-Europa, N-Afrika, W-Asien	hellviolett		V-IX
Natternkopf	**Echium plantagineum**	'Blue Bedder'	Boretschgewächse Boraginaceae	Europa, N-Afrika	blau		VI-VIII
Cacalie	**Emilia javanica**		Korbblütler Compositae	S-China, Indien, trop. Afrika	rot, orange		V-IX
Rauke	**Eruca sativa**		Kreuzblütler Cruciferae	Mittelmeergebiet, Afghanistan	weiß	honigartig	V-VII
Schönnessel	**Eucnide bartonioides**	'Blazing Star'	Loasagewächse Loasaceae	Mexiko	gelb		VI-VIII
Mittagsgold	**Gazania-Hybriden**		Korbblütler Compositae	S-Afrika	gelb, orange, rot, weiß, rosa		V-IX
Filzkopf	**Helichrysum petiolare**	'Gold Leaf'	Korbblütler Compositae	S-Afrika	gelb		VIII-IX
Weiße Vanilleblume	**Heliotropium arborescens**	'Alba'	Boretschgewächse Boraginaceae	Peru	weiß	vanilleartig	V-IX
Mähnengerste	**Hordeum jubatum**		Süßgräser Gramineae	Amerika, Sibiren	rötlich, grün		VI-VIII
Fleißiges Lieschen	**Impatiens walleriana**	'Plena'	Balsaminengewächse Balsaminaceae	O-Afrika	orange, rot, rosa, weiß		V-IX
Wandelröschen	**Lantana-Camara-Hybriden**	'Aloha'	Verbenengewächse Verbenaceae	tropisches Amerika	gelb	herb, fruchtig	V-X
Lilie	**Lilium-Hybriden**		Liliengewächse Liliaceae	nördliche Halbkugel	gelb, orange, rot, weiß	süß, schwer	VI-VIII
Lopezie	**Lopezia racemosa**		Nachtkerzengewächse Onagraceae	Mittelamerika	rosa		V-IX
Hornklee	**Lotus maculatus**	'Golden Flash'	Hülsenfrüchtler Leguminosae	Kanarische Inseln	orange-gelb		V-VII

Wuchshöhe	Standort	Vermehrung	Gießen	Lebensdauer	Besonderheiten
40 cm	Sonne, Halbschatten	Zwiebel	geringer Wasserbedarf	mehrjährige Pflanze	anspruchslos
überhängend	Sonne, Halbschatten	Blattsteckling	mittlerer Wasserbedarf	mehrjährige Pflanze, frostfrei überwintern	fragiler Wuchs, vor Wind schützen
hängend	Sonne, Halbschatten	Samen, Blattsteckling	geringer Wasserbedarf	mehrjährige Pflanze, frostfrei überwintern	verträgt Trockenheit
30 cm	Halbschatten, Schatten	Knolle, Blattsteckling	geringer Wasserbedarf	mehrjährige Pflanze, frostfrei überwintern	Verblühtes entfernen, Blütenzweige stützen
hängend	Sonne, Halbschatten	Samen	hoher Wasserbedarf	mehrjährige Pflanze, frostfrei überwintern	hoher Nährstoffbedarf, verträgt Trockenheit
10 cm	Sonne, Halbschatten	Samen, Wurzelsteckling	geringer Wasserbedarf	mehrjährige Pflanze	anspruchslos
50 cm	Sonne	Samen	mittlerer Wasserbedarf	zweijährige Pflanze	Die Gemüsepflanze blüht im zweiten Jahr.
30 cm	Sonne, Halbschatten	Samen	mittlerer Wasserbedarf	einjährige Pflanze	Die Sorte wächst buschig.
20 cm	Sonne, Halbschatten	Samen	geringer Wasserbedarf	mehrjährige Pflanze, frostfrei überwintern	Im Winter nicht zu trocken und kalt halten.
50 cm	Sonne, Halbschatten	Samen	geringer Wasserbedarf	einjährige Pflanze	Verblühtes entfernen
rankend	Sonne	Samen	mittlerer Wasserbedarf	einjährige Pflanze	hoher Nährstoff- und Platzbedarf
hängend	Sonne, Halbschatten	Samen, Blattsteckling	mittlerer Wasserbedarf	mehrjährige Pflanze, frostfrei überwintern	mittlerer Nährstoffbedarf
10 cm	Halbschatten	Samen	mittlerer Wasserbedarf	mehrjährige Pflanze	anspruchslos
50 cm	Sonne, Halbschatten	Samen	mittlerer Wasserbedarf	einjährige Pflanze	Rückschnitt verlängert den Flor.
30 cm	Sonne, Halbschatten	Samen	geringer Wasserbedarf	einjährige Pflanze	Vor Dauerregen und Staunässe schützen.
50 cm	Sonne, Halbschatten	Samen	mittlerer Wasserbedarf	einjährige Pflanze	Im Handel unter dem Namen 'Rukola' erhältlich.
15 cm	Sonne	Samen	geringer Wasserbedarf	einjährige Pflanze	Vor Dauerregen und Staunässe schützen.
15 cm	Sonne	Samen	geringer Wasserbedarf	mehrjährige Pflanze, frostfrei überwintern	Verblühtes entfernen, verträgt Trockenheit
überhängend	Sonne, Halbschatten	Samen, Blattsteckling	geringer Wasserbedarf	mehrjährige Pflanze, frostfrei überwintern	starkwüchsig und anspruchslos
30 cm	Sonne, Halbschatten	Samen, Blattsteckling	mittlerer Wasserbedarf	mehrjährige Pflanze, frostfrei überwintern	hoher Nährstoffbedarf (Pflanze enthält giftige oder allergieauslösende Stoffe)
30 cm	Sonne, Halbschatten	Samen, Wurzelsteckling	mittlerer Wasserbedarf	mehrjährige Pflanze	Vermehrt sich durch Selbstaussaat.
20 cm	Halbschatten, Schatten	Samen	geringer Wasserbedarf	mehrjährige Pflanze, frostfrei überwintern	anspruchslos, Verblühtes entfernen
30 cm	Sonne, Halbschatten	Samen, Blattsteckling	mittlerer Wasserbedarf	mehrjährige Pflanze, frostfrei überwintern	mittlerer Nährstoffbedarf (Pflanze enthält giftige oder allergieauslösende Stoffe)
70 cm	Sonne, Halbschatten	Zwiebel	geringer Wasserbedarf	mehrjährige Pflanze, frostfrei überwintern	Nach der Blüte trocken halten.
30 cm	Sonne, Halbschatten	Samen	mittlerer Wasserbedarf	einjährige Pflanze	Die Fruchtstände sind dekorativ.
hängend	Sonne, Halbschatten	Samen, Blattsteckling	mittlerer Wasserbedarf	mehrjährige Pflanze, frostfrei überwintern	Wurzelballen nicht austrocknen lassen.

- Sonne
- Halbschatten
- Schatten
- Samen
- Blattsteckling
- Wurzelsteckling
- Knolle
- Zwiebel
- einjährige Pflanze
- zweijährige Pflanze
- mehrjährige Pflanze
- geringer Wasserbedarf
- mittlerer Wasserbedarf
- hoher Wasserbedarf
- frostfrei überwintern
- Pflanze enthält giftige oder allergieauslösende Stoffe.

Handelsnamen oder weitere Pflanzenbezeichnungen stehen in Klammern.

Name deutsch	Name latein	Sorte	Familie	Heimat	Blütenfarbe	Blütenduft	Blütezeit
Tomate	**Lycopersicon esculentum**		Nachtschattengewächse Solanaceae	Peru	gelb		VI-IX
Goldgelbe Zitronenmelisse	**Melissa officinalis**	'Aurea'	Lippenblütler Labiatae	S-Europa, Asien	weiß		VI-VIII
Bartonie	**Mentzelia lindleyi**		Loasagewächse Loasaceae	Californien	goldgelb	honigartig	VI-VIII
Wohlriechende Gauklerblume	**Mimulus aurantiacus**		Braunwurzgewächse Scrophulariaceae	Californien	orange		V-IX
Gauklerblume	**Mimulus-Hybriden**	'Anden Nymphe'	Braunwurzgewächse Scrophulariaceae	Chile	creme, rosé		V-IX
Gauklerblume	**Mimulus-Hybriden**	'Viva'	Braunwurzgewächse Scrophulariaceae	Chile	gelb-rot		V-IX
Königsmantel	**Nierembergia hippomanica**	'Purple Robe'	Nachtschattengewächse Solanaceae	Argentinien	violett		VI-IX
Basilikum	**Ocimum basilicum**		Lippenblütler Labiatae	unbekannt	weiß, rosa		VII-VIII
Tripteris	**Osteospermum hyoseroides**		Korbblütler Compositae	S-Afrika	orange		V-VIII
KLee	**Oxalis lasiandra**		Sauerkleegewächse Oxalidaceae	Mexiko	violett-rosa		V-X
Pelargonie	**Pelargonium**	'Voodoo'	Storchschnabelgewächse Geraniaceae	S-Afrika	rot-schwarz		IV-X
Edelpelargonie (Englische Geranie)	**Pelargonium**	'Lord Beaute'	Storchschnabelgewächse Geraniaceae	S-Afrika	violett-schwarz		IV-X
Petunie	**Petunia-Hybriden**		Nachtschattengewächse Solanaceae	S-Amerika	rot, gelb, blau, weiß, rosa		V-X
Petunie	**Petunia-Hybriden**	'Purple Surfinia'	Nachtschattengewächse Solanaceae	S-Amerika	pink		V-X
Harfenstrauch	**Plectranthus coleoides**	'Marginatus'	Lippenblütler Labiatae	SO-Indien	weiß, lila		VIII
Gemshorn (Teufelskralle)	**Proboscidea louisianica**		Gemshorngewächse Martyniaceae	N-Amerika, Mexiko	weißlich, lachsfarben	wie Brausestäbchen	VII-VIII
Duftresede	**Reseda odorata**		Korbblütler Compositae	Mittelmeergebiet, N-Afrika	grünlich	blumig, frisch	VI-IX
KLeinblättriger Salbei	**Salvia microphylla**		Lippenblütler Labiatae	Mexiko	rot		VII-IX
Purpursalbei	**Salvia officinalis**	'Purpurascens'	Lippenblütler Labiatae	Mittelmeergebiet, Vorderasien	lila	honigartig	VI-VII
Dreifarbiger Salbei	**Salvia officinalis**	'Tricolor'	Lippenblütler Labiatae	Mittelmeergebiet	lila	honigartig	VI-VII
Blauer Salbei	**Salvia patens**		Lippenblütler Labiatae	Mexiko	blau		VI-IX
Zypressenkraut	**Santolina rosmarinifolia**		Korbblütler Compositae	Mittelmeergebiet, N-Afrika	gelb	honigartig	VII-VIII
Spaltblume	**Schizanthus-Wisetonensis-Hybr.**	'Starparade'	Nachtschattengewächse Solanaceae	Chile	rosa, rot, weinrot, weiß		VI-VIII
Aubergine	**Solanum melongena**		Nachtschattengewächse Solanaceae	trop. Afrika, NW-Indien	gelb		VI-IX
Tagetes	**Tagetes-Patula-Hybriden**	'Mr. Majestic'	Korbblütler Compositae	Mexiko	gelb-rot gestreift		V-VIII
Torenie	**Torenia-Hybriden**	'Blue'	Braunwurzgewächse Scrophulariaceae	S-Vietnam	blau		VI-IX

Wuchshöhe	Standort	Vermehrung	Gießen	Lebensdauer	Besonderheiten
150 cm	Sonne	Samen	mittlerer Wasserbedarf	einjährig	Ungiftig sind nur die reifen Früchte. (giftig)
60 cm	Sonne, Halbschatten	Wurzelsteckling	mittlerer Wasserbedarf	mehrjährig	Der Wuchs dieser Sorte ist kompakt.
30 cm	Sonne	Samen	geringer Wasserbedarf	einjährig	Vor Staunässe und Dauerregen schützen.
50 cm	Sonne, Halbschatten	Blattsteckling	geringer Wasserbedarf	mehrjährig, frostfrei überwintern	Pflanze verströmt Balsamduft. Staunässe vermeiden.
25 cm	Sonne, Halbschatten	Samen	mittlerer Wasserbedarf	mehrjährig, frostfrei überwintern	Rückschnitt verlängert den Flor.
25 cm	Sonne, Halbschatten	Samen	mittlerer Wasserbedarf	mehrjährig, frostfrei überwintern	Rückschnitt verlängert den Flor.
15 cm	Sonne, Halbschatten	Samen	geringer Wasserbedarf	mehrjährig, frostfrei überwintern	buschiger Dauerblüher (giftig)
30 cm	Sonne	Samen	geringer Wasserbedarf	einjährig	wärmebedürftig, vor Dauerregen schützen
40 cm	Sonne, Halbschatten	Samen	mittlerer Wasserbedarf	einjährig	Rückschnitt ergibt buschige Pflanzen.
10 cm	Sonne, Halbschatten	Knolle	geringer Wasserbedarf	mehrjährig, frostfrei überwintern	Knollen trocken und frostfrei überwintern.
30 cm	Sonne, Halbschatten	Blattsteckling	geringer Wasserbedarf	mehrjährig, frostfrei überwintern	Schutz vor Dauerregen, Verblühtes entfernen
40 cm	Sonne, Halbschatten	Blattsteckling	geringer Wasserbedarf	mehrjährig, frostfrei überwintern	Schutz vor Dauerregen, Verblühtes entfernen
hängend	Sonne, Halbschatten	Samen, Blattsteckling	hoher Wasserbedarf	einjährig	hoher Nährstoffbedarf (giftig)
hängend	Sonne, Halbschatten	Samen, Blattsteckling	hoher Wasserbedarf	einjährig	starkwüchsig, hoher Nährstoffbedarf (giftig)
hängend	Sonne, Halbschatten	Blattsteckling	mittlerer Wasserbedarf	mehrjährig, frostfrei überwintern	anspruchslos
40 cm	Sonne, Halbschatten	Samen	mittlerer Wasserbedarf	einjährig	Staunässe vermeiden
20 cm	Sonne, Halbschatten	Samen	mittlerer Wasserbedarf	einjährig	anspruchslos
60 cm	Sonne, Halbschatten	Blattsteckling	mittlerer Wasserbedarf	mehrjährig, frostfrei überwintern	starkwüchsig, hoher Nährstoffbedarf
25 cm	Sonne, Halbschatten	Samen, Blattsteckling	geringer Wasserbedarf	mehrjährig	verträgt Trockenheit, Staunässe vermeiden
25 cm	Sonne, Halbschatten	Samen, Blattsteckling	geringer Wasserbedarf	mehrjährig	verträgt Trockenheit, Staunässe vermeiden
40 cm	Sonne, Halbschatten	Samen	geringer Wasserbedarf	mehrjährig, frostfrei überwintern	Dauerblüher, hoher Nährstoffbedarf
30 cm	Sonne, Halbschatten	Blattsteckling	geringer Wasserbedarf	mehrjährig, frostfrei überwintern	Staunässe vermeiden
20 cm	Halbschatten	Samen	geringer Wasserbedarf	einjährig	Vor Dauerregen und Staunässe schützen. (giftig)
40 cm	Sonne	Samen	geringer Wasserbedarf	einjährig	Ungiftig ist nur die reife Frucht. (giftig)
20 cm	Sonne, Halbschatten	Samen	mittlerer Wasserbedarf	einjährig	buschige Sorte, Verblühtes ausschneiden
hängend	Sonne, Halbschatten	Samen, Blattsteckling	geringer Wasserbedarf	mehrjährig, frostfrei überwintern	anspruchslos, mittlerer Nährstoffbedarf

- Sonne
- Halbschatten
- Schatten
- Samen
- Blattsteckling
- Wurzelsteckling
- Knolle
- Zwiebel
- einjährige Pflanze
- zweijährige Pflanze
- mehrjährige Pflanze
- geringer Wasserbedarf
- mittlerer Wasserbedarf
- hoher Wasserbedarf
- frostfrei überwintern
- Pflanze enthält giftige oder allergieauslösende Stoffe.

Handelsnamen oder weitere Pflanzenbezeichnungen stehen in Klammern.

NACHTFALTERBLUMEN

Name deutsch	Name latein	Sorte	Familie	Heimat	Blütenfarbe	Blütenduft	Blütezeit
Mondwinde	**Calonyction album (Ipomoea alba)**		Windengewächse Convolvulaceae	Tropen	weiß	prickelnd, fruchtig, leicht	VII-IX
Galan der Nacht	**Cestrum parqui**		Nachtschattengewächse Solanaceae	S-Amerika	grün	orientalisch, schwer	VIII-IX
Stechapfel	**Datura innoxia (Datura meteloides)**		Nachtschattengewächse Solanaceae	Mexiko, Indien, S-Amerika	weiß	cremig, fruchtig	VII-IX
Engelstrompete	**Datura suaveolens**		Nachtschattengewächse Solanaceae	S-Amerika	weiß, cremé, rosé	cremig, fruchtig	VI-X
Nachtviole	**Hesperis matronalis**		Kreuzblütler Cruciferae	M-Europa, M-Asien, N-Amerika	weiß, rosa, violett	veilchen-, nelkenartig	V-VI
Funkie	**Hosta plantaginea**		Liliengewächse Liliaceae	Japan, China	weiß	honigartig	VII-VIII
Großblütiger Jasmin	**Jasminum grandiflorum**		Ölbaumgewächse Oleaceae	Himalayagebiet	weiß	orientalisch, süß	VI-X
Waldgeißblatt	**Lonicera periclymenum**		Geißblattgewächse Caprifoliaceae	Europa, NW-Afrika	weiß-rosa	fruchtig, honigartig	V-VI
Nachtduftende Levkoje	**Matthiola longipetala ssp. bicornis**		Kreuzblütler Cruciferae	Griechenland	lila, rosa	nelken-, zimt-, vanilleartig	VI-VIII
Sommerlevkoje	**Matthiola incana**		Kreuzblütler Cruciferae	Europa, Asien, N-Afrika	weiß, rosa, violett	nelken-, zimtartig	VI-IX
Schöne der Nacht (Wunderblume)	**Mirabilis jalapa**		Wunderblumengewächse Nyctaginaceae	tropisches Amerika	gelb, rot, violett, weiß	fruchtig, leicht	VII-IX
Monvillea	**Monvillea haageana**		Kaktusgewächse Cactaceae	Paraguay	weiß	lieblich	VI
Großblütiger Tabak	**Nicotiana alata**	'Grandiflora' ('Fragrant Cloud')	Nachtschattengewächse Solanaceae	S-Amerika	weiß	orientalisch, schwer	VI-X
Wilder Tabak	**Nicotiana sylvestris**		Nachtschattengewächse Solanaceae	S-Amerika	weiß	orientalisch, schwer	VI-X
Gemeine Nachtkerze	**Oenothera biennis**		Nachtkerzengewächse Onagraceae	Europa, Mexiko, N-Amerika	gelb	frisch, pfeffrig	VII-IX
Nachtkerze mit Zitronenduft	**Oenothera odorata**	'Sulphurea' ('Lemon Sunset')	Nachtkerzengewächse Onagraceae	Europa, N-Amerika	cremégelb	citrusähnlich, pfeffrig	VI-X
Nachtduftende Pelargonie	**Pelargonium gibbosum**		Storchschnabelgewächse Geraniaceae	SW-Afrika	grünlich	mandelartig, prickelnd	VI-X
Nachtduftende Pelargonie	**Pelargonium triste**		Storchschnabelgewächse Geraniaceae	SW-Afrika	tief dunkelrot	orientalisch	VI-VIII
Petunie	**Petunia-Hybriden**	'Blue Vein Surfinia'	Nachtschattengewächse Solanaceae	S-Amerika	mauvefarben	zimtähnlich, kakaoartig	V-X
Tuberose	**Polianthes tuberosa**	'The Pearl'	Agavengewächse Agavaceae	Mexiko	cremeweiß	orientalisch, schwer	VII-IX
Spaltkrone	**Schizopetalon walkeri**		Kreuzblütler Cruciferae	Chile	cremeweiß	kokos-, waldmeisterartig	VI-VII
Königin der Nacht	**Selenicereus grandiflorus**		Kaktusgewächse Cactaceae	Jamaika, Kuba, Mexiko	weiß	vanilleartig	VI
Nickendes Leimkraut	**Silene nutans**		Nelkengewächse Caryophyllaceae	M-Europa	weiß	nelkenartig	VI-VIII
Sternjasmin	**Trachelospermum jasminoides**		Hundsgiftgewächse Apocynaceae	Japan, China	weiß, cremégelb	orientalisch, fruchtig	VI-X
Palmlilie	**Yucca filamentosa**		Agavengewächse Agavaceae	Amerika	weiß	süß, fruchtig	VII
Sternbalsam	**Zaluzianskya capensis**		Braunwurzgewächse Scrophulariaceae	S-Afrika	weiß	citrus-, mandelartig	VI-X

Wuchshöhe	Standort	Vermehrung	Gießen	Lebensdauer	Besonderheiten	
kletternd	Sonne, Halbschatten	Samen	mittlerer Wasserbedarf	einjährige Pflanze	→ Kapitel Klettermäxchen Seite 141	
2 m	Sonne, Halbschatten	Blattsteckling	hoher Wasserbedarf	mehrjährige Pflanze, frostfrei überwintern	hoher Nährstoff- und Wasserbedarf	giftig/allergieauslösend
70 cm	Sonne	Samen	mittlerer Wasserbedarf	einjährige Pflanze	Staunässe vermeiden	giftig/allergieauslösend
2,5 m	Sonne	Samen, Blattsteckling	mittlerer Wasserbedarf	mehrjährige Pflanze, frostfrei überwintern	hoher Nährstoffbedarf	giftig/allergieauslösend
70 cm	Sonne, Halbschatten	Samen, Wurzelsteckling	mittlerer Wasserbedarf	mehrjährige Pflanze	anspruchslos	
50 cm	Halbschatten, Schatten	Wurzelsteckling	mittlerer Wasserbedarf	mehrjährige Pflanze	Empfehlenswert! Im Kapitel nicht erwähnt.	
kletternd	Sonne	Blattsteckling	mittlerer Wasserbedarf	mehrjährige Pflanze, frostfrei überwintern	Viele Jasminarten duften nachts.	
kletternd	Halbschatten, Schatten	Blattsteckling	mittlerer Wasserbedarf	mehrjährige Pflanze	anspruchslos	
20 cm	Sonne, Halbschatten	Samen	mittlerer Wasserbedarf	einjährige Pflanze	Folgeaussaaten verlängern die Blütezeit.	
60 cm	Sonne, Halbschatten	Samen	mittlerer Wasserbedarf	einjährige Pflanze	Verwelkte Blüten entfernen.	
70 cm	Sonne	Samen, Knolle	mittlerer Wasserbedarf	mehrjährige Pflanze, frostfrei überwintern	Knollen trocken und frostfrei überwintern.	
rankend	Sonne	Blattsteckling	geringer Wasserbedarf	mehrjährige Pflanze, frostfrei überwintern	Empfehlenswert! Im Kapitel nicht erwähnt.	
80 cm	Sonne, Halbschatten	Samen	mittlerer Wasserbedarf	einjährige Pflanze	hoher Nährstoffbedarf	giftig/allergieauslösend
1,5 m	Sonne, Halbschatten	Samen	mittlerer Wasserbedarf	einjährige Pflanze	hoher Nährstoff- und Platzbedarf	giftig/allergieauslösend
80 cm	Sonne, Halbschatten	Samen	mittlerer Wasserbedarf	mehrjährige Pflanze	Vermehrt sich durch Selbstaussaat.	
50 cm	Sonne, Halbschatten	Samen	mittlerer Wasserbedarf	mehrjährige Pflanze, frostfrei überwintern	Rückschnitt verlängert die Blütezeit.	
20 cm	Sonne	Samen, Blattsteckling	geringer Wasserbedarf	mehrjährige Pflanze, frostfrei überwintern	Empfehlenswert! Im Kapitel nicht erwähnt.	
15 cm	Sonne	Samen, Blattsteckling	geringer Wasserbedarf	mehrjährige Pflanze, frostfrei überwintern	Empfehlenswert! Im Kapitel nicht erwähnt.	
hängend	Sonne, Halbschatten	Samen, Blattsteckling	hoher Wasserbedarf	einjährige Pflanze	Verwelkte Blüten entfernen.	giftig/allergieauslösend
50 cm	Sonne	Knolle	geringer Wasserbedarf	mehrjährige Pflanze, frostfrei überwintern	Überwinterte Knollen bringen kaum Blüten.	
20 cm	Sonne	Samen	mittlerer Wasserbedarf	einjährige Pflanze	Folgeaussaaten verlängern den Flor.	
rankend	Sonne	Blattsteckling	geringer Wasserbedarf	mehrjährige Pflanze, frostfrei überwintern	Im Knospenstadium täglich besprühen.	
40 cm	Sonne, Halbschatten	Samen, Wurzelsteckling	mittlerer Wasserbedarf	mehrjährige Pflanze	anspruchslos	
kletternd	Sonne	Blattsteckling	mittlerer Wasserbedarf	mehrjährige Pflanze, frostfrei überwintern	Im Weinbauklima im Freien mehrjährig.	giftig/allergieauslösend
2 m	Sonne	Samen, Wurzelsteckling	geringer Wasserbedarf	mehrjährige Pflanze	anspruchslos, geringer Nährstoffbedarf	
20 cm	Sonne, Halbschatten	Samen	mittlerer Wasserbedarf	einjährige Pflanze	mittlerer Nährstoffbedarf	

- Sonne
- Halbschatten
- Schatten
- Samen
- Blattsteckling
- Wurzelsteckling
- Knolle
- Zwiebel
- einjährige Pflanze
- zweijährige Pflanze
- mehrjährige Pflanze
- geringer Wasserbedarf
- mittlerer Wasserbedarf
- hoher Wasserbedarf
- frostfrei überwintern
- Pflanze enthält giftige oder allergieauslösende Stoffe.

Handelsnamen oder weitere Pflanzenbezeichnungen stehen in Klammern.

KLETTERMÄXCHEN

Name deutsch	Name latein	Sorte	Familie	Heimat	Blütenfarbe	Blütenduft	Blütezeit
Kleinblütige Maurandie	**Asarina antirrhiniflora**		Braunwurzgewächse Scrophulariaceae	Californien, Mexiko	rot		VI-X
Maurandie	**Asarina barclaiana**		Braunwurzgewächse Scrophulariaceae	Mexiko	lila, rosa		VI-X
Großblütige Maurandie	**Asarina scandens**		Braunwurzgewächse Scrophulariaceae	Mexiko	rosa		VI-X
Orangefarbene Brennwinde	**Caiophora lateritia**	'Orange Supreme'	Loasagewächse Loasaceae	Argentinien	orange		VII-X
Weiße Brennwinde	**Caiophora lateritia**	'Frothy'	Loasagewächse Loasaceae	Argentinien	weiß		VII-X
Mondwinde	**Calonyction album (Ipomoea alba)**		Windengewächse Convolvulaceae	Tropen	weiß	prickelnd, fruchtig, leicht	VII-IX
Glockenrebe	**Cobaea scandens**		Sperrkrautgewächse Polemoniaceae	Mexiko	violett		VII-X
Zuchini	**Cucurbita pepo**		Kürbisgewächse Cucurbitaceae	M-Amerika	gelb		V-IX
Kletterndes tränendes Herz	**Dicentra scandens**		Mohngewächse Papaveraceae	gemäßigte Zonen	gelb		VI-IX
Schönranke	**Eccremocarpus scaber**	'Tresco Hybriden'	Bignoniengewächse Bignoniaceae	Chile	lachs, orange, rot		VI-X
Prachtwinde	**Ipomoea tricolor**	'Heavenly Blue'	Windengewächse Convolvulaceae	tropisches Amerika	hellblau		VI-IX
Limonadenfarbene Wicke	**Lathyrus chlorantha**	'Lemonade'	Hülsenfrüchtler Leguminosae	unbekannt	grünlich-gelb		VII-VIII
Duftwicke	**Lathyrus odoratus**		Hülsenfrüchtler Leguminosae	S-Italien, Sizilien	rosa, rot, apricot, violett, blau, weiß	blumig, zart	VI-VIII
Saatplatterbse	**Lathyrus sativus**		Hülsenfrüchtler Leguminosae	unbekannt	azurblau		VI-VII
Prunkwinde	**Pharbitis nil**		Windengewächse Convolvulaceae	Tropen	hellblau		VII-IX
Prunkwinde	**Pharbitis nil (Ipomoea imperialis)**	'Chocolate'	Windengewächse Convolvulaceae	Tropen	bräunlich-rot		VII-IX
Prunkwinde	**Pharbitis nil (Ipomoea imperialis)**	'Platycodon Flowered Picotee'	Windengewächse Convolvulaceae	Tropen	rosa, blau mit weißem Rand		VII-IX
Prunkwinde	**Pharbitis purpurea (Ipomoea purpurea)**		Windengewächse Convolvulaceae	tropisches Amerika	blau, violett, rosa, weiß		VI-IX
Feuerbohne (Prunkbohne)	**Phaseolus coccineus**		Hülsenfrüchtler Leguminosae	M-Amerika	rot, weiß		VI-IX
Papageienwinde	**Quamoclit lobata**		Windengewächse Convolvulaceae	S-Mexiko	dreifarbig: rot, orange, gelb		VI-IX
Sternwinde	**Quamoclit vulgaris**	'Cardinal'	Windengewächse Convolvulaceae	tropisches Amerika	rot		VI-IX
Rankendes Rosenkleid	**Rhodochiton atrosanguineus**		Braunwurzgewächse Scrophulariaceae	Mexiko	weinrot		VI-X
Schwarzäugige Susanne	**Thunbergia alata**		Akanthusgewächse Acanthaceae	SO-Afrika	gelb, weiß mit schwarzem Auge		VI-X
Thunbergie	**Thunbergia gregorii**		Akanthusgewächse Acanthaceae	tropisches Afrika	orange		VI-X
Kapuzinerkresse	**Tropaeolum majus**		Kapuzinerkressengewächse Tropaeolaceae	Peru	gelb, orange, rot		VI-X
Kanarienkresse	**Tropaeolum peregrinum**		Kapuzinerkressengewächse Tropaeolaceae	Peru	gelb		VI-X

Wuchshöhe	Standort	Vermehrung	Gießen	Lebensdauer	Besonderheiten
1,5 m	Sonne, Halbschatten	Samen	mittlerer Wasserbedarf	einjährige Pflanze	Staunässe vermeiden
2 m	Sonne, Halbschatten	Samen	mittlerer Wasserbedarf	einjährige Pflanze	mittlerer Nährstoffbedarf
3 m	Sonne, Halbschatten	Samen	mittlerer Wasserbedarf	einjährige Pflanze, mehrjährige Pflanze, frostfrei überwintern	Bei frostfreier Überwinterung mehrjährig.
2 m	Sonne, Halbschatten	Samen	geringer Wasserbedarf	einjährige Pflanze	Die Pflanze ist mit Brennborsten besetzt. (Pflanze enthält giftige oder allergieauslösende Stoffe)
2 m	Sonne, Halbschatten	Samen	geringer Wasserbedarf	einjährige Pflanze	Die Pflanze ist mit Brennborsten besetzt. (Pflanze enthält giftige oder allergieauslösende Stoffe)
4 m	Sonne	Samen	geringer Wasserbedarf	einjährige Pflanze	Nachtfalterblume! (→ Seite 78 bis Seite 98)
4 m	Sonne, Halbschatten	Samen	mittlerer Wasserbedarf	einjährige Pflanze, mehrjährige Pflanze, frostfrei überwintern	Überwinterte Pflanzen blühen früher.
4 m	Sonne	Samen	hoher Wasserbedarf	einjährige Pflanze	hoher Nährstoff- und Platzbedarf
2 m	Sonne, Halbschatten	Samen	geringer Wasserbedarf	einjährige Pflanze, mehrjährige Pflanze	Staunässe vermeiden
2 m	Sonne, Halbschatten	Samen	mittlerer Wasserbedarf	einjährige Pflanze, mehrjährige Pflanze, frostfrei überwintern	Bei frostfreier Überwinterung mehrjährig.
3 m	Sonne	Samen	geringer Wasserbedarf	einjährige Pflanze	wärmebedürftig
1,5 m	Sonne, Halbschatten	Samen	mittlerer Wasserbedarf	einjährige Pflanze, mehrjährige Pflanze	Im Weinbauklima im Freien mehrjährig.
2 m	Sonne	Samen	mittlerer Wasserbedarf	einjährige Pflanze	Der Wurzelballen darf nie austrocknen.
1,5 m	Sonne	Samen	mittlerer Wasserbedarf	einjährige Pflanze	Folgeaussaaten verlängern den Flor.
4 m	Sonne	Blattsteckling	hoher Wasserbedarf	einjährige Pflanze, mehrjährige Pflanze, frostfrei überwintern	Bei frostfreier Überwinterung mehrjährig.
1,5 m	Sonne	Samen	geringer Wasserbedarf	einjährige Pflanze	wärmebedürftig, Staunässe vermeiden
1,5 m	Sonne	Samen	geringer Wasserbedarf	einjährige Pflanze	wärmebedürftig, Staunässe vermeiden
3 m	Sonne	Samen	hoher Wasserbedarf	einjährige Pflanze	unempfindliche Windenart
3 m	Sonne	Samen	hoher Wasserbedarf	einjährige Pflanze	hoher Nährstoffbedarf
3 m	Sonne, Halbschatten	Samen	mittlerer Wasserbedarf	einjährige Pflanze	mittlerer Nährstoffbedarf
1,5 m	Sonne	Samen	geringer Wasserbedarf	einjährige Pflanze	wärmebedürftig, Staunässe vermeiden
2 m	Sonne, Halbschatten	Samen	mittlerer Wasserbedarf	einjährige Pflanze	Die Samen keimen bei 24 Grad Celsius.
2 m	Sonne, Halbschatten	Samen	geringer Wasserbedarf	einjährige Pflanze	anspruchslos
3 m	Sonne	Samen, Blattsteckling	geringer Wasserbedarf	einjährige Pflanze, mehrjährige Pflanze, frostfrei überwintern	Bei frostfreier Überwinterung mehrjährig.
2 m	Sonne, Halbschatten	Samen	hoher Wasserbedarf	einjährige Pflanze	sparsam düngen
2 m	Sonne, Halbschatten	Samen	mittlerer Wasserbedarf	einjährige Pflanze	Wurzelballen nicht austrocknen lassen.

Sonne
Halbschatten
Schatten
Samen
Blattsteckling
Wurzelsteckling
Knolle
Zwiebel
einjährige Pflanze
zweijährige Pflanze
mehrjährige Pflanze
geringer Wasserbedarf
mittlerer Wasserbedarf
hoher Wasserbedarf
frostfrei überwintern
Pflanze enthält giftige oder allergieauslösende Stoffe.

Handelsnamen oder weitere Pflanzenbezeichnungen stehen in Klammern.

KELLERKINDER

Name deutsch	Name latein	Sorte	Familie	Heimat	Blütenfarbe	Blütenduft	Blütezeit
Speisezwiebel	**Allium cepa**		Liliengewächse Liliaceae	nur in Kultur	weiß		VI-VII
Knoblauch	**Allium sativum**		Liliengewächse Liliaceae	nur in Kultur	weiß, rot		VI-VIII
Gefleckter Aronstab	**Arum maculatum**		Aronstabgewächse Araceae	M-Europa, S-Europa	hellgelb, bräunlich	harnartig	IV-V
Herbstzeitlose	**Colchicum autumnale**		Liliengewächse Liliaceae	M-, S-Europa, N-Afrika	lila, rosa		VIII-X
Weiße Herbstzeitlose	**Colchicum autumnale**	'Album'	Liliengewächse Liliaceae	M-, S-Europa, N-Afrika	weiß		VIII-X
Herbstzeitlose	**Colchicum-Hybriden**	'The Giant'	Liliengewächse Liliaceae	M-, S-Europa, N-Afrika	hellila		IX-X
Gefüllte Herbstzeitlose	**Colchicum-Hybriden**	'Waterlily'	Liliengewächse Liliaceae	M-, S-Europa, N-Afrika	rosa gefüllt		IX-X
Ritterstern	**Hippeastrum-Hybriden**		Amaryllisgewächse Amaryllidaceae	S-Amerika	rot, rosa, weiß		X-IV
Hyazinthe	**Hyacinthus orientalis**		Liliengewächse Liliaceae	SW-Asien, Mittelmeergebiet	rosa, blau, weiß, gelb, apricot	ölig, schwer	III-V
Weihnachtsnarzisse	**Narcissus tazetta ssp. papyraceus**	'Paperwhite'	Amaryllisgewächse Amaryllidaceae	Mittelmeergebiet, Vorderasien	weiß	ölig, schwer	III-V
Eidechsenwurz	**Sauromatum venosum**		Aronstabgewächse Araceae	Asien	purpur-braun	harnartig	I-V
Kartoffel	**Solanum tuberosum**		Nachtschattengewächse Solanaceae	S-Amerika	weiß, lila, rosa		VI
Jakobslilie	**Sprekelia formosissima**		Amaryllisgewächse Amaryllidaceae	Guatemala, Mexiko	rot		IV-V

Wuchshöhe	Standort	Vermehrung	Gießen	Lebensdauer	Besonderheiten
80 cm	Sonne	Zwiebel	geringer Wasserbedarf	mehrjährige Pflanze	Steckzwiebeln zur Anzucht sind im Frühjahr erhältlich.
40 cm	Sonne	Zwiebel	geringer Wasserbedarf	mehrjährige Pflanze	Auch Knoblauchzöpfe bringen grüne Triebe.
30 cm	Halbschatten, Schatten	Knolle	mittlerer Wasserbedarf	mehrjährige Pflanze	Die leuchtend orangeroten Fruchtstände sind dekorativ. (Pflanze enthält giftige oder allergieauslösende Stoffe)
20 cm	Sonne, Halbschatten	Knolle	mittlerer Wasserbedarf	mehrjährige Pflanze	Die Knollen sind ab Juli im Handel. (Pflanze enthält giftige oder allergieauslösende Stoffe)
20 cm	Sonne, Halbschatten	Knolle	mittlerer Wasserbedarf	mehrjährige Pflanze	Die Knollen sind ab Juli im Handel. (Pflanze enthält giftige oder allergieauslösende Stoffe)
20 cm	Sonne, Halbschatten	Knolle	mittlerer Wasserbedarf	mehrjährige Pflanze	Die Knollen sind ab Juli im Handel. (Pflanze enthält giftige oder allergieauslösende Stoffe)
20 cm	Sonne, Halbschatten	Knolle	mittlerer Wasserbedarf	mehrjährige Pflanze	Die Knollen sind ab Juli im Handel. (Pflanze enthält giftige oder allergieauslösende Stoffe)
60 cm	Sonne, Halbschatten	Zwiebel	geringer Wasserbedarf	mehrjährige Pflanze, frostfrei überwintern	Zwiebeln von guter Qualität treiben mehrere Blütenschäfte.
25 cm	Sonne, Halbschatten	Zwiebel	mittlerer Wasserbedarf	mehrjährige Pflanze	Die Zwiebeln sind ab Ende August erhältlich.
30 cm	Sonne	Zwiebel	mittlerer Wasserbedarf	mehrjährige Pflanze	Die Pflanzen besitzen einen überaus starken Blütenduft. (Pflanze enthält giftige oder allergieauslösende Stoffe)
30 cm	Sonne	Knolle	geringer Wasserbedarf	mehrjährige Pflanze, frostfrei überwintern	Die Knollen sind im Frühjahr im Handel erhältlich.
50 cm	Sonne	Knolle	mittlerer Wasserbedarf	mehrjährige Pflanze	Ungiftig ist nur die Knolle. (Pflanze enthält giftige oder allergieauslösende Stoffe)
25 cm	Sonne	Zwiebel	geringer Wasserbedarf	mehrjährige Pflanze, frostfrei überwintern	Zwiebeln von guter Qualität treiben mehrere Blütenschäfte.

- Sonne
- Halbschatten
- Schatten
- Samen
- Blattsteckling
- Wurzelsteckling
- Knolle
- Zwiebel
- einjährige Pflanze
- zweijährige Pflanze
- mehrjährige Pflanze
- geringer Wasserbedarf
- mittlerer Wasserbedarf
- hoher Wasserbedarf
- frostfrei überwintern
- Pflanze enthält giftige oder allergieauslösende Stoffe.

Handelsnamen oder weitere Pflanzenbezeichnungen stehen in Klammern.

Register der lateinischen Pflanzennamen

Fett gesetzte Ziffern verweisen auf Abbildungen.

Allium cepa	**174**, 175, **175**, 176, **177**, 178	Küchen- oder Speisezwiebel
Allium cepa var. viviparum	63, **63**	Luft- oder Etagenzwiebel
Allium sativum	175, **175**	Knoblauch
Anagallis monelli 'Skylover'	**59**	Gauchheil
Anthirrhinum repens 'Clownerie weiß'	**60**	Weißes Hängelöwenmäulchen
Artemisia vulgaris	**26**	Beifuß
Arum maculatum	183	Gefleckter Aronstab
Asarina anthirrhiniflora	136, **137**	Kleinblütige Maurandie
Asarina barclaiana	136, **138**, 139, **139**, **212**	Maurandie
Asarina scandens	136, **137**	Großblütige Maurandie
Asperula orientalis	**39**	Blauer Meister
Bambusa	166	Bambus
Begonia-Knollenbegonien-Hybr.	**67**, 71, **71**	Knollenbegonie
Bidens ferulifolia 'Samsara'	**59**, **70**, 71	Zweizahn
Borago pygmaea	75	Niederliegender Boretsch
Brassica oleracea var. capitata	**62**, 63	Rotkohl
Caiophora lateritia 'Frothy'	145, **145**	Weiße Brennwinde
Caiophora lateritia 'Orange Supreme'	145, **145**	Orangefarbene Brennwinde
Calendula officinalis	58, **58**	Ringelblume
Calocephalus brownii	48, **49**, **60**, **73**	Schönkopf
Calonyction album	141, **141**	Mondwinde
Calystegia sepium	**96**, 139, **212**	Zaunwinde
Camellia sinensis	198	Tee
Capsicum annuum	64	Paprika
Carex	166	Segge
Centaurea cyanus 'Jubilee Gem'	**58**, 72, **72**	Kornblume
Cestrum parqui	92, **95**	Galan der Nacht
Citrullus lanatus	**62**, 63	Wassermelone
Clematis orientalis	**117**	Orientalische Waldrebe
Clematis tangutica	120, **122**, **123**	Waldrebe
Cobaea scandens	136, **137**	Glockenrebe
Colchicum autumnale	184, **184**, 191	Herbstzeitlose
Colchicum autumnale 'Album'	**184**, **191**	Weiße Herbstzeitlose
Colchicum-Hybride 'The Giant'	184, **185**	Herbstzeitlose 'The Giant'
Colchicum-Hybride 'Waterlily'	184	Herbstzeitlose 'Waterlily'
Colchicum-Hybriden	178, **178**, **186 - 190**, 188	Herbstzeitlose
Convolvulus sabatius	**58**, 72, **73**	Blaue Mauritius
Convolvulus tricolor	**48**	Aufrechte Winde
Cornus	102	Hartriegel
Coronilla varia	**24**, 25	Kronwicke
Corylus	102	Hasel
Crocosmia	**90**	Crocosmie
Cucurbita	**129**, **188**	Zuchini, Kürbis
Cymbalaria muralis	**58**	Zymbelkraut
Cyperaceae	166	Sauer- oder Riedgräser
Cyperus papyrus	166	Papyrus
Datura	**96**, **98**, **210**, 211	Engelstrompete
Daucus carota	64	Gelbe Rübe
Dianthus caryophyllus	198, **198 - 201**, 200	Edel-, Amerik. Remontantnelke
Dicentra scandens	136, **136**	Tränendes Herz
Dimorphoteca pluvialis	**45**	Kapringelblume
Dimorphoteca sinuata 'Sommermode'	48, **48**, **49**	Kapringelblume 'Sommermode'
Eccremocarpus scaber 'Tresco Hybr.'	128, **128**, 136, **136**, **138**, 139	Schönranke
Echium plantagineum 'Blue Bedder'	**58**, 72, **72**	Natternkopf
Emilia javanica	**59**, 61, **61**	Cacalie
Eruca sativa	**62**, 63, 72	Rauke oder Pflücksalat
Eschscholzia californica	**39**	Schlafmützchen
Eucnide bartonioides 'Blazing Star'	**70**, 71	Schönnessel
Fagopyrum esculentum	20, **21**	Buchweizen
Felicia australis	**45**	Kapaster
Festuca rubra	166	Rotschwingel
Forsythia	102	Goldglöckchen
Fraxinus	102	Esche
Gazania-Hybriden	**65**	Gazanie, Mittagsgold
Gramineae	166	Süßgräser
Grielum	**45**	Grielum
Helianthus annuus	18, **20**, **24**, 25, 28, **29**	Sonnenblume
Helichrysum petiolare 'Gold Leaf'	**73**	Filzkopf
Heliophila	40, **40**	Weißer Sonnenfreund
Heliophila longifolia	**38**	Sonnenfreund
Heliotropium arborescens 'Alba'	**58**, 72, **73**	Weiße Vanilleblume
Hesperis matronalis	82, **83**, **97**	Nachtviole
Hippeastrum-Hybriden	178, **179**, **192**	Amaryllis oder Ritterstern
Hordeum jubatum	**59**, **71**	Mähnengerste
Humulus lupulus	133, 198	Hopfen
Hyacinthus orientalis	179, 216, **216**, **217**, **218**	Hyazinthe
Impatiens walleriana	**67**, **70**, 71	Fleißiges Lieschen
Ipomoea tricolor 'Heavenly Blue'	**140**, 141, **141**	Prachtwinde 'Heavenly Blue'
Jasminum	**212**	Jasmin
Juncus	166	Binse
Lactuca	**62**, 63	Salat
Lantana-Camara-Hybriden 'Aloha'	**70**	Wandelröschen
Lathyrus chlorantha 'Lemonade'	146, **146**	Limonadenfarbene Wicke
Lathyrus odoratus	**59**, 92, **93**, 146, **147**, **148**	Wicke oder Duftwicke
Lathyrus odoratus 'Wiltshire Ripple'	146, **146**, **147**	Duftwicke 'Wiltshire Ripple'
Lathyrus sativus	146, **146**	Saatplatterbse
Legousia speculum-veneris	**51**	Venusspiegel
Lepidium sativum	**12**, 13, **13**, 14, **14**, **15**, 118	Kresse oder Gartenkresse
Lilium	71, **71**	Lilie
Limnanthes douglasii	38, **39**, **70**, 71	Sumpfblümchen
Linaria maroccana 'Northern Lights'	**39**	Leinkraut 'Northern Lights'
Linaria reticulata 'Crown Jewels'	**39**, **70**, 71, **75**	Leinkraut 'Crown Jewels'
Linum usitatissimum	18, **28**	Lein
Loasa tricolor	**144**, 145, **145**	Loasa
Lolium perenne	166	Deutsches Weidelgras
Lopezia racemosa	**47**, **59**, **74**, 75, **75**	Lopezie
Lotus corniculatus	20, **21**, **24**, 25	Wilder Hornklee
Lotus maculatus 'Golden Flash'	48, **49**, **59**	Hängender Hornklee 'Golden Flash'
Lycopersicon	**62**, 63, 64	Tomate
Malcolmia maritima	40, **41**, **47**, **75**	Malcolmie
Malus	120, **120**, **121**	Apfel
Malva sylvestris	25, **25**	Wilde Malve
Matthiola incana	**84**	Sommerlevkoje
Matthiola longipetala ssp. bicornis	82, **82**, 83, **84**	Nachtduftende Levkoje
Melissa officinalis 'Aurea'	75, **76**	Goldgelbe Zitronenmelisse
Mentzelia lindleyi	**144**, 145	Bartonie
Mimulus aurantiacus	75, **76**, **144**	Wohlriechende Gauklerblume
Mimulus-Hybriden	**54**, **75**	Gauklerblume
Mimulus-Hybriden 'Anden Nymphe'	74, **74**	Gauklerblume 'Anden Nymphe'
Mimulus-Hybriden 'Viva'	64, **64**	Gauklerblume 'Viva'
Mirabilis jalapa	**90**, 92, **93**, **94**	Schöne der Nacht
Musa	198	Banane

Narcissus tazetta 'Paperwhite'	179, 180, **180**, **181**, **202**	Weihnachtsnarzisse
Narcissus tazetta ssp. papyraceus	179, 180, **180**, **181**, **202**	Weihnachtsnarzisse
Nemesia-Hybriden 'Karneval'	38, **38**, **47**, **59**, **67**, **70**, 71	Bunter Elfenspiegel
Nemesia-Hybriden 'KLM'	84, **85**	Blauer Elfenspiegel
Nemophila maculata 'Five Spot'	34, **34**	Geflecktes Liebeshainblümchen
Nemophila menziesii 'Baby Blue Eyes'	34, **34**, 44, **51**	Blaues Liebeshainblümchen
Nemophila menziesii 'Penny Black'	34, **35**, **75**	Dunkles Liebeshainblümchen
Nemophila menziesii var. atomaria	34, **35**	Weißes Liebeshainblümchen
Nicotiana	198	Tabak
Nicotiana alata 'Fragrant Cloud'	92, **92**	Großblütiger Tabak
Nicotiana alata 'Grandiflora'	**88**, **90**, **92**	Großblütiger Tabak
Nicotiana langsdorffii	**90**	Grüner Tabak
Nicotiana 'Lime Green'	**92**	Tabak 'Lime Green'
Nicotiana sylvestris	**90**, 92, **92**, **93**, 211, **211**	Wilder Tabak
Nicotiana tabacum 'Havanna'	92	Tabak 'Havanna'
Nicotiana tabacum 'Virginia'	92	Tabak 'Virginia'
Nierembergia hippomanica	72, **73**	Königsmantel
Nolana paradoxa 'Blauer Vogel'	48, **52**	Blaue Glockenwinde
Ocimum basilicum	63, **63**	Rot- oder grünblättriges Basilikum
Oenothera biennis	**97**, **213**, **215**	Nachtkerze
Oenothera odorata 'Sulphurea'	**76**, **78**, 80, **80**	Nachtkerze mit Zitronenduft
Onobrychis viciifolia	**26**	Esparsette
Oryza sativa	166	Reis
Osteospermum hyoseroides	**58**, **59**	Tripteris
Oxalis	**60**	Klee
Papaver rhoeas	18, 25, **25**	Klatschmohn
Pelargonium	**56**, 57, **57**	Pelargonie, Geranie, Duftgeranie
Pelargonium peltatum	57	Wilde Hängepelargonie
Pelargonium 'Voodoo'	**74**, **75**	Pelargonie 'Voodoo'
Pelargonium zonale	57	Wilde aufrechte Pelargonie
Pelarg.-Grandifl.-Hybr. 'Lord Beaute'	**57**, 74, **75**	Edelpelargonie oder Engl. Geranie
Pelargonium-Peltatum-Hybr. 'Fatma'	**59**	Hängepelargonie 'Fatma'
Pelarg.-Peltatum-Hybr. 'Ville de Paris'	**57**	Hängepelargonie 'Ville de Paris'
Pelargonium-Zonale-Hybr. 'Kardinal'	64, **64**	Pelargonie 'Kardinal'
Petunia 'Blue Vein Surfinia'	84, **85**	Petunie 'Blue Vein Surfinia'
Petunia 'Purple Surfinia'	**60**, **68**, **69**	Petunie 'Purple Surfinia'
Petunia-Hybriden	**60**, 66, 68, **69**, **70**, 72, **73**	Petunie
Phacelia campanularia 'Tropical Surf'	**36**, **47**, **51**	Glockenphacelie 'Tropical Surf'
Phacelia congesta	**26**	Bienenfreund
Phacelia parryi 'Royal Admiral'	**36**	Glockenphacelie 'Royal Admiral'
Pharbitis nil	**124**, 139, **139**, 142, 211, **211**, **212**	Prunkwinde
Pharbitis nil 'Chocolate'	142, **142**	Prunkwinde
Pharbitis nil 'Platycodon Flow. Picotee'	142, **142**	Prunkwinde
Pharbitis purpurea	**6**, **126**, **128**, 141	Prunkwinde
Phaseolus	156, **167**	Bohne
Phaseolus coccineus	30, **30** ,130, **130 - 135**, 133	Feuer- oder Prunkbohne
Phaseolus coccineus 'Lady Di'	133	Feuerbohne 'Lady Di'
Phaseolus coccineus 'Preisgewinner'	**133**	Feuerbohne 'Preisgewinner'
Phaseolus coccineus 'Royal Standard'	**133**	Feuerbohne 'Royal Standard'
Phlox-Paniculata-Hybriden	**212**	Phlox
Phragmites	166	Schilf
Pisum sativum	146	Erbse
Plectranthus coleoides 'Marginatus'	**60**, **67**, **70**, 71	Harfenstrauch
Poa pratensis	166	Wiesenrispengras
Polianthes tuberosa	92, **93**	Tuberose
Proboscidea louisianica	61, **61**	Gemshorn, Teufelskralle

Quamoclit lobata	142, **142**, **143**, 145	Papageienwinde
Quamoclit vulgaris 'Cardinal'	142, **142**	Sternwinde 'Cardinal'
Reseda odorata	**59**, 92, **93**	Resede
Rhodochiton atrosanguineus	128, **128**, **144**, 145, **145**	Rankendes Rosenkleid
Rumex	**26**	Ampfer
Salix	100 - 124, **100 - 124**	Weide
Salix	120	Kopfweide
Salix alba	102	Silberweide
Salix alba 'Tristis'	104, **104**	Trauerweide
Salix alba var. vitellina	104, **105**	Dotterweide
Salix caprea	102, **103**	Salweide
Salix herbacea	102	Krautweide
Salix purpurea	**100**, 102, 104, 105, **105**	Purpurweide
Salix reticulata	102	Netzweide
Salix serpillifolia	102	Quendelweide
Salix viminalis	**102**, 102, 104, **104**, 105, **105**	Korbweide
Salvia microphylla	58, **58**, **215**	Kleinblättriger Salbei
Salvia officinalis 'Purpurascens'	**60**	Purpursalbei
Salvia officinalis 'Tricolor'	**76**	Dreifarbiger Salbei
Salvia patens	58, **59**	Blauer Salbei
Santolina rosmarinifolia	**60**	Zypressenkraut
Sauromatum venosum	178, **178**, **182**, 183, **183**, **192**	Eidechsenwurz
Schizanthus-Wisetonensis-Hybriden	**58**, 63, **63**	Spaltblume
Schizopetalon walkeri	82, **82**, 83, 84	Spaltkrone
Sedum spurium	**61**	Fetthenne
Selenicereus grandiflorus	80, **80**	Königin der Nacht
Senecio	40, **40**	Kreuzkraut
Silene nutans	**83**, **84**	Nickendes Leimkraut
Sinapsis alba	20, **20**, **26**, **28**	Senf
Solanum melongena	**62**, 63	Aubergine
Solanum tuberosum	**172**, 178	Kartoffel
Sprekelia formosissima	178, **178**, **179**, **192**	Jakobslilie
Stellaria media	**26**	Vogelmiere
Syzygium aromaticum	200	Gewürznelke
Tagetes tenuifolia 'Lulu'	**58**	Kleinblütige Tagetes 'Lulu'
Tagetes tenuifolia'Starfire Mischg.'	**38**	Kleinbl. Tagetes 'Starfire Mischung'
Tagetes-Patula-Hybr. 'Mr. Majestic'	**58**	Tagetes 'Mr. Majestic'
Thunbergia alata	136, **136**	Schwarzäugige Susanne
Thunbergia gregorii	**2**, 136, **137**	Thunbergie
Torenia-Hybriden 'Blue'	72, **73**	Torenie
Trifolium	25, **25**	Weißklee
Trigonella foenum-graecum	20, **20**	Bockshornklee
Triticum aestivum	**26**, 118, **119**	Weizen
Tropaeolum majus	**134**, **135**	Kapuzinerkresse
Tropaeolum peregrinum	**111**, **138**, 139, **139**	Kanarienkresse
Tulipa	64, **206**, 207, **207**	Tulpe
Tulipa clusiana	96, **194**, **197**	Wildtulpe
Tulipa gesneriana 'Acuminata'	**204**, 205, **205**	Horntulpe
Tulipa linifolia	**194**, 196, **197**	Wildtulpe
Urtica dioica	**26**	Brennessel
Venidium fastuosum 'Exotic'	**43**, **59**	Venidie 'Exotic'
Venidium fastuosum 'Zulu Prince'	**43**, **59**	Venidie 'Zulu Prince'
Viola	64	Stiefmütterchen
Zaluzianskya capensis	**81**, 82, **82**, 83, 84, **85 - 87**, 86	Sternbalsam
Zea mays	166	Mais

REGISTER DER DEUTSCHEN PFLANZENNAMEN

Fett gesetzte Ziffern verweisen auf Abbildungen.

Amaryllis	178, **179**, **192**	Hippeastrum-Hybriden
Ampfer	**26**	Rumex
Apfel	120, **120**, **121**	Malus
Aronstab, Gefleckter -	183	Arum maculatum
Aubergine	**62**, 63	Solanum melongena
Bambus	166	Bambusa
Banane	198	Musa
Bartonie	45, **144**	Mentzelia lindleyi
Basilikum, Grünlaubiges -	**63**	Ocimum basilicum
Basilikum, Rotlaubiges -	63, **63**	Ocimum basilicum
Begonie, Knollen-	**67**, 71, **71**	Begonia-Knollenbegonien-Hybriden
Beifuß	**26**	Artemisia vulgaris
Bienenfreund	**26**	Phacelia congesta
Binse	166	Juncus
Blaue Mauritius	**58**, 72, **73**	Convolvulus sabatius
Bohne, Feuer- 'Lady Di'	133	Phaseolus coccineus 'Lady Di'
Bohne, Feuer- oder Prunk-	30, **30**, 130, **130 - 135**, 133, 156, **167**	Phaseolus coccineus
Bohne, Feuer- 'Preisgewinner'	**133**	Phaseolus coc. 'Preisgewinner'
Bohne, Feuer-'Royal Standard'	**133**	Phaseolus coc. 'Royal Standard'
Boretsch, Niederliegender -	75	Borago pygmaea
Brennessel	**26**	Urtica dioica
Cacalie	**59**, 61, **61**	Emilia javanica
Crocosmie	**90**	Crocosmia
Eidechsenwurz	178, **178**, **182**, 183, **183**, **192**	Sauromatum venosum
Elfenspiegel 'Karneval'	38, **38**, **47**, **59**, **67**, **70**, 71	Nemesia-Hybriden 'Karneval'
Elfenspiegel 'KLM'	84, **85**	Nemesia-Hybriden 'KLM'
Engelstrompete	**96**, **98**, **210**, 211	Datura
Erbse	146	Pisum sativum
Erbse, Limonadenfarbene -	146, **146**	Lathyrus chlorantha 'Lemonade'
Erbse, Saatplatt-	146, **146**	Lathyrus sativus
Esche	102	Fraxinus
Esparsette	**26**	Onobrychis viciifolia
Fetthenne	**61**	Sedum spurium
Filzkopf	**73**	Helichrysum petiolare 'Gold Leaf'
Fleißiges Lieschen	**67**, **70**, 71	Impatiens walleriana
Futterpflanzen	13	
Galan der Nacht	92, **95**	Cestrum parqui
Gauchheil	**59**	Anagallis monelli 'Skylover'
Gauklerblume	64, **64**	Mimulus-Hybriden 'Viva'
Gauklerblume 'Andennymphe'	74, **74**	Mimulus-Hybriden 'Andennymphe'
Gauklerblume, Wohlriech.-	75, **76**, **144**	Mimulus aurantiacus
Gauklerblume	**54**, **75**	Mimulus-Hybriden
Gazanie	**65**	Gazania
Gemshorn	61, **61**	Proboscidea louisianica
Geranie	57	Pelargonium
Glockenrebe	136, **137**	Cobaea scandens
Goldglöckchen	102	Forsythia
Gräser, Ried-	166	Cyperaceae
Gräser, Sauer-	166	Cyperaceae
Gräser, Süß-	166	Gramineae
Gras	118, 150 - 170, **150 - 170**	
Gras, Deutsches Weidel-	166	Lolium perenne
Gras, Wiesenrispen-	166	Poa pratensis
Grielum	**45**	Grielum
Harfenstrauch	**60**, **67**, **70**, 71	Plectranthus coleoides 'Marginatus'
Hartriegel	102	Cornus
Hasel	102	Corylus
Herbstzeitlose	184, **184**, 191	Colchicum autumnale
Herbstzeitlose 'The Giant'	184, **185**	Colchicum-Hybride 'The Giant'
Herbstzeitlose 'Waterlily'	184	Colchicum-Hybride 'Waterlily'
Herbstzeitlose, Weißblühende-	**184**, **191**	Colchicum autumnale 'Album'
Herbstzeitlose-Hybriden	178, **178**, **186 - 190**, 188	Colchicum-Hybriden
Hopfen	133, 198	Humulus lupulus
Hornklee	48, **49**, **59**	Lotus maculatus 'Golden Flash'
Hyazinthe	179, 216, **216**, **217**, **218**	Hyacinthus orientalis
Jakobslilie	178, **178**, **179**, **192**	Sprekelia formosissima
Jasmin	**212**	Jasminum
Kartoffel	**172**, 178	Solanum tuberosum
Klee	**60**	Oxalis
Klee, Bockshorn-	20, **20**	Trigonella foenum-graecum
Klee, Horn-	20, **21**, **24**, 25	Lotus corniculatus
Klee, Weiß-	25, **25**	Trifolium
Knoblauch	175, **175**	Allium sativum
Königin der Nacht	80, **80**	Selenicereus grandiflorus
Königsmantel	72, **73**	Nierembergia hippomanica 'Purple Robe'
Kohl, Rot-	**62**, 63	Brassica oleracea var. capitata
Kornblume	**58**, 72, **72**	Centaurea cyanus 'Jubilee Gem'
Kresse	118	Lepidium sativum
Kresse, Garten-	**12**, 13, **13**, 14, **14**, **15**	Lepidium sativum
Kresse, Kanarien-	**111**, **138**, 139, **139**	Tropaeolum peregrinum
Kresse, Kapuziner-	**134**, **135**	Tropaeolum majus
Kreuzkraut	40, **40**	Senecio
Kürbis	**188**	Cucurbita
Leimkraut, Nickendes -	**83**, **84**	Silene nutans
Lein	18, **28**	Linum usitatissimum
Leinkraut	**39**, **70**, 71, **75**	Linaria reticulata 'Crown Jewels'
Leinkraut	**39**	Linaria maroccana 'Northern Lights'
Levkoje, Nachtduftende -	82, **82**, 83, **84**	Matthiola longipetala ssp. bicornis
Levkoje, Sommer-	**84**	Matthiola incana
Liebeshainblümchen, Blaues-	34, **34**, 44, **51**	Nemophila menziesii 'Baby Blue Eyes'
Liebeshainblümchen, Dunkles-	34, **35**, **75**	Nemophila menziesii 'Penny Black'
Liebeshainblümchen, Geflecktes-	34, **34**	Nemophila maculata 'Five Spot'
Liebeshainblümchen, Weißes-	34, **35**	Nemophila menziesii var. atomaria
Lilie	71, **71**	Lilium
Loasa	**144**, 145, **145**	Loasa tricolor
Löwenmäulchen, Weißes Hänge-	**60**	Anthirrhinum repens 'Clownerie weiß'
Lopezie	**47**, **59**, **74**, 75, **75**	Lopezia racemosa
Mähnengerste	**59**, **71**	Hordeum jubatum
Mais	166	Zea mays
Malcolmie	40, **41**, **47**, **75**	Malcolmia maritima
Malve, Wilde -	25, **25**	Malva sylvestris
Margerite, Kap-	**45**	Felicia australis
Maurandie	136, **138**, 139, **139**, **212**	Asarina barclaiana
Maurandie, Großblütige -	136, **137**	Asarina scandens
Maurandie, Kleinblütige -	136, **137**	Asarina anthirrhiniflora
Meister, Blauer -	**39**	Asperula orientalis
Mittagsgold	**65**	Gazania-Hybriden
Mohn, Klatsch-	18, 25, **25**	Papaver rhoeas
Moos	208, **208**, **209**	
Nachtkerze	**97**, **213**, **215**	Oenothera biennis
Nachtkerze mit Zitronenduft	**76**, **78**, 80, **80**	Oenothera odorata 'Sulphurea'
Nachtviole	82, **83**, **97**	Hesperis matronalis
Narzisse, Weihnachts-	179, 180, **180**, **181**, **202**	Narcissus tazetta ssp. papyraceus
Narzisse, Weihnachts- 'Paperwhite'	179, 180, **180**, **181**, **202**	Narcissus tazetta 'Paperwhite'
Natternkopf	**58**, 72, **72**	Echium plantagineum 'Blue Bedder'
Nelke, Amerik. Remontant-	200	Dianthus caryophyllus
Nelke, Edel-	198, **198**, **199**, 200, **200**, **201**	Dianthus caryophyllus
Nelke, Gewürz-	200	Syzygium aromaticum
Paprika	64	Capsicum annuum
Papyrus	166	Cyperus papyrus
Pelargonie	**56**, 57, **57**	Pelargonium

Pelargonie, Wilde Hänge-	57	Pelargonium peltatum
Pelargonie,Wilde aufrechte -	57	Pelargonium zonale
Pelargonie, Duft-	57	Pelargonium
Pelargonie, Edel-	**57**	Pelarg.-Grandifl.-Hybr. 'Lord Beaute'
Pelargonie, Efeu-	**57**	Pelarg.-Pelt.-Hybr. 'Ville de Paris'
Pelargonie, Hänge-	**59**	Pelargonium-Pelt.-Hybr. 'Fatma'
Pelargonie 'Kardinal'	64, **64**	Pelargonium-Zonale-Hybr. 'Kardinal'
Pelargonie 'Lord Beaute'	74, **75**	Pelargonium 'Lord Beaute'
Pelargonie 'Voodoo'	**74**, **75**	Pelargonium 'Voodoo'
Pelargonie, Hänge-	**57**	Pelarg.-Pelt.-Hybr. 'Ville de Paris'
Petunie	**60**, 66, 68, **69**, **70**, 72, **73**	Petunia-Hybriden
Petunie 'Blue Vein Surfinia'	84, **85**	Petunia 'Blue Vein Surfinia'
Petunie 'Purple Surfinia'	**60**, **68**, **69**	Petunia 'Purple Surfinia'
Phacelie, Glocken-	**36**	Phacelia parryi 'Royal Admiral'
Phacelie, Glocken-	**36**, **47**, **51**	Phacelia campanularia 'Tropical Surf'
Phlox	**212**	Phlox-Paniculata-Hybriden
Rauke	72	Eruca
Reis	166	Oryza sativa
Resede	**59**, 92, **93**	Reseda odorata
Ringelblume	58, **58**	Calendula officinalis
Ringelblume, Kap-	**45**	Dimorphoteca pluvialis
Ringelbl., Kap- 'Sommermode'	48, **48**, **49**	Dimorphoteca sinuta 'Sommermode'
Ritterstern	178, **179**, **192**	Hippeastrum-Hybriden
Rosenkleid, Rankendes -	128, **128**, **144**, 145, **145**	Rhodochiton atrosanguineus
Rotschwingel	166	Festuca rubra
Rüben, Gelbe -	64	Daucus carota
Salat	**62**, 63	Lactuca
Salat, Pflück-	**62**, 63	Eruca sativa
Salbei, Blauer -	58, **59**	Salvia patens
Salbei, Dreifarbiger -	**76**	Salvia officinalis 'Tricolor'
Salbei, Kleinblättriger -	58, **58**, **215**	Salvia microphylla
Salbei, Purpur-	**60**	Salvia officinalis 'Purpurascens'
Schilf	166	Phragmites
Schlafmützchen	**39**	Eschscholzia californica
Schöne der Nacht	**90**, 92, **93**, **94**	Mirabilis jalapa
Schönkopf	48, **49**, **60**, **73**	Calocephalus brownii
Schönnessel	**70**, 71	Eucnide bartonioides 'Blazing Star'
Schönranke	128, **128**, 136, **136**, **138**, 139	Eccremocarpus scaber 'Tresco Hybr.'
Segge	166	Carex
Senf	20, **20**, **26**, **28**	Sinapsis alba
Sonnenblume	18, **20**, **24**, 25, 28, **29**	Helianthus annuus
Sonnenfreund	**38**	Heliophila longifolia
Sonnenfreund, Weißer -	40, **40**	Heliophila
Spaltblume	**58**, 63, **63**	Schizanthus-Wisetonensis-Hybriden
Spaltkrone	82, **82**, 83, 84	Schizopetalon walkeri
Sprossen	13, **17**	
Sternbalsam	**81 - 87**, 82, 83, 84, 86	Zaluzianskya capensis
Stiefmütterchen	64	Viola
Sumpfblümchen	38, **39**, **70**, 71	Limnanthes douglasii
Susanne, Schwarzäugige -	136, **136**	Thunbergia alata
Tabak	198	Nicotiana
Tabak, Großblütiger -	**88**, **90**, **92**	Nicotiana alata 'Grandiflora'
Tabak, Großbl.-'Fragrant Cloud'	92, **92**	Nicotiana alata 'Fragrant Cloud'
Tabak, Grüner -	**90**	Nicotiana langsdorffii
Tabak 'Havanna'	92	Nicotiana tabacum 'Havanna'
Tabak 'Lime Green'	**92**	Nicotiana 'Lime Green'
Tabak 'Virginia'	92	Nicotiana tabacum 'Virginia'
Tabak, Wilder -	**90**, 92, **92**, **93**, 211, **211**	Nicotiana sylvestris
Tagetes, Gestreifte -	**58**	Tagetes-Patula-Hybriden 'Mr. Majestic'
Tagetes, Kleinblütige - 'Lulu'	**58**	Tagetes tenuifolia 'Lulu'
Tagetes, Kleinblütige - 'Starfire'	**38**	Tagetes tenuifolia 'Starfire Mischung'
Tee	198	Camellia sinensis
Teufelskralle	61, **61**	Proboscidea louisianica
Thunbergie	**2**, 136, **137**	Thunbergia gregorii
Tomate	**62**, 63, 64	Lycopersicon
Torenie	72, **73**	Torenia-Hybriden 'Blue'
Tränendes Herz	136, **136**	Dicentra scandens
Tripteris	**58**, **59**	Osteospermum hyoseroides
Tuberose	92, **93**	Polianthes tuberosa
Tulpe	64, **206**, 207, **207**	Tulipa
Tulpe, Horn-	**204**, 205, **205**	Tulipa gesneriana 'Acuminata'
Tulpe, Gelbe Wild-	**194**, 196, **196**	Tulipa clusiana
Tulpe, Rote Wild-	**194**, 196, **196**	Tulipa linifolia
Vanilleblume, Weiße -	**58**, 72, **73**	Heliotropium arborescens 'Alba'
Venidie 'Exotic'	**43**, **59**	Venidium fastuosum 'Exotic'
Venidie 'Zulu Prince'	**43**, **59**	Venidium fastuosum 'Zulu Prince'
Venusspiegel	**51**	Legousia speculum-veneris
Vogelmiere	**26**	Stellaria media
Waldrebe	120, **122**, **123**	Clematis tangutica
Waldrebe, Orientalische -	**117**	Clematis orientalis
Wandelröschen	**70**	Lantana-Camara-Hybriden 'Aloha'
Wassermelone	**62**, 63	Citrullus lanatus
Weide	100 - 124, **100 - 124**	Salix
Weide, Dotter-	104, **105**	Salix alba var. vitellina
Weide, Kopf-	120	Salix
Weide, Korb-	102, **102**, 104, **104**, 105, **105**	Salix viminalis
Weide, Kraut-	102,	Salix herbacea
Weide, Netz-	102	Salix reticulata
Weide, Purpur-	**100**, 102, 104, 105, **105**	Salix purpurea
Weide, Quendel-	102	Salix serpillifolia
Weide, Sal-	102, **103**	Salix caprea
Weide, Silber-	102	Salix alba
Weide, Trauer-	104, **104**	Salix alba 'Tristis'
Weizen	**26**, 118, **119**	Triticum aestivum
Weizen, Buch-	20, **21**	Fagopyrum esculentum
Wicke	**59**, 92, **93**	Lathyrus odoratus
Wicke, Duft-	146, **147**, **148**	Lathyrus odoratus
Wicke 'Wiltshire Ripple'	146, **146**, **147**	Lathyrus odoratus 'Wiltshire Ripple'
Wicke, Kron-	**24**, 25	Coronilla varia
Winde, Aufrechte -	**48**	Convolvulus tricolor
Winde, Weiße Brenn-	145, **145**	Caiophora lateritia 'Frothy'
Winde, Orange Brenn-	145, **145**	Caiophora lateritia 'Orange Supreme'
Winde, Glocken-	48, **52**	Nolana paradoxa 'Blauer Vogel'
Winde, Mond-	141, **141**	Calonyction album
Winde, Papageien-	142, **142**, **143**, 145	Quamoclit lobata
Winde, Pracht-	**140**, 141, **141**	Ipomoea tricolor 'Heavenly Blue'
Winde, Prunk-	**6**, **126**, **128**, 141	Pharbitis purpurea
Winde, Prunk-	**124**, 139, **139**, 142, 211, **211**, **212**	Pharbitis nil
Winde, Prunk- 'Chocolate'	142, **142**	Pharbitis nil 'Chocolate'
Winde, Prunk- 'Platycodon Flow.'	142, **142**	Pharbitis nil 'Platycodon Flow. Picotee'
Winde, Stern-	142, **142**	Quamoclit vulgaris 'Cardinal'
Winde, Zaun-	**96**, 139, **212**	Calystegia sepium
Zitronenmelisse, Goldgelbe-	75, **76**	Melissa officinalis 'Aurea'
Zuchini	**129**	Cucurbita
Zweizahn	**59**, **70**, 71	Bidens ferulifolia 'Samsara'
Zwiebel, Küchen- oder Speise-	**174**, 175, **175**, 176, **177**, 178	Allium cepa
Zwiebel, Luft- oder Etagen-	63, **63**	Allium cepa var. viviparum
Zymbelkraut	**58**	Cymbalaria muralis
Zypressenkraut	**60**	Santolina rosmarinifolia

Bezugsquellen

Der überwiegende Teil der vorgestellten Pflanzen ist im Mai und Juni direkt in der Kunst- und Lustgärtnerei® erhältlich. Ein Pflanzenversand besteht nicht. Bitte erkundigen Sie sich vor einem Besuch nach Öffnungszeiten und aktuellem Sortiment (Anschrift → Impressum). Dasselbe gilt für die im folgenden aufgeführten Lieferanten von Pflanzen, Künstler- und Gartenbedarf. Diese Auswahl erhebt keinen Anspruch auf Vollständigkeit. Vieles findet sich auch im Angebot des ortsansässigen Handels.

Syringa Samen
B. Dittrich, Dipl. Biol.
Postfach 1147
78247 Hilzingen
Telefon 07739/1452
Fax 07739/677
(Duftpflanzen, Kräuter, seltene Gemüse- und Salatsorten, Keimsprossen)

Bayerische Futtersaatbau GmbH
Max-von-Eyth-Straße 2 - 4
85737 Ismaning
Telefon 089/96243523
Fax 089/96243510
(Samen von Futter-, Öl- und Äsungspflanzen)

Horst Gewiehs
Postfach 1270
27342 Rotenburg-Wümme
Telefon 04261/63818
Fax 04261/63755
(Blumenzwiebeln)

Thompson & Morgan
Poplar Lane
GB-Ipswich/Suffolk
IP8 3BU
(Blumen- und Gemüsesamen)

Kräuterzauber
Daniel Rühlemann
Am Himpberg 32
27367 Stuckenborstel
Telefon 04264/2284
Fax 04264/2230
(Kräuter- und Duftpflanzen)

Stegmeier Gartenbau
Unteres Dorf 7
73457 Essingen
(Duftpelargonien und andere)

Flora Mediterranea
Königsgütler 5
84072 Au/Hallertau
Telefon 08752/1238
Fax 08752/9930
(Subtropische Pflanzen, Kübelpflanzen)

Max Schleipfer
Sedlweg 71
86356 Neusäß
Telefon 0821/464450
(Kakteen, Sukkulenten)

Freitag & Sohn
Gartenstraße 21
85354 Freising
Telefon 08161/91576
Fax 08161/7495
(Weidenruten zum Flechten)

Joseph Enterprises GmbH
Arnold-Sommerfeld-Ring 2
52499 Baesweiler
Telefon 02401/89111
(Kressetiere)

Kremer Pigmente
88317 Aichstetten
Telefon 07565/1011
Fax 07565/1606
(Farbpigmente)

Johannes Gerstäcker
Postfach 1165
53774 Eitorf
Telefon 02243/88992
Fax 02243/88945
(Künstlerbedarf wie Kupferbleche, Farben usw.)

blattwerk
Lachen 1
88214 Ravensburg
Telefon 0751/67781
Fax 0751/67782
(Balkonkastenblenden, Hyazinthengläser etc.)

Literaturnachweis

Aichele, D., Schwegler H.-W.: Unsere Gräser. Franckh'sche Verlagshandlung, 6. Auflage. Stuttgart 1981.

Berg, B.: Grundwissen des Gärtners. Verlag Eugen Ulmer, 7. Auflage. Stuttgart 1976.

Encke, F., Buchheim, G., Seybold, S.: Zander Handwörterbuch der Pflanzennamen. Verlag Eugen Ulmer, 15. Auflage. Stuttgart 1994.

Encke, F. (Hg.): Pareys Blumengärtnerei. Beschreibung, Kultur und Verwendung der gesamten gärtnerischen Schmuckpflanzen, Band 1 und 2. Paul Parey, 2. Auflage. Berlin und Hamburg 1958/1960.

Duden »Etymologie«: Herkunftswörterbuch der deutschen Sprache. Dudenverlag, 2. Auflage. Mannheim, Wien, Zürich 1989.

Cramer, F. und Kaempfer, W.: Die Natur der Schönheit. Insel Verlag, 1. Auflage. Frankfurt am Main, Leipzig 1992.

Curtis, Charles. H.: Sweet Peas and their cultivation for home and exhibition. W. H. & L. Collingridge, 2. Auflage. London 1908.

Erdmann, Kurt: Siebenhundert Jahre Orientteppich. Herford 1966.

Grotjan, J. A.: Physikalische Winterbelustigung. Carl Gottfried Groß, Nordhausen, 1774.

Hansen, R., Stahl, F.: Die Stauden und ihre Lebensbereiche in Gärten und Grünanlagen. Verlag Eugen Ulmer, 4. Auflage. Stuttgart 1990.

Hellemann, S., Binger, L.: Von Balkon zu Balkon. Berliner Balkongeschichte(n). Verlag Dirk Nishen. Berlin 1988.

Henglein, Martin: Die heilende Kraft der Wohlgerüche und Essenzen. Schönbergers Verlag. München 1985.

Herd, Stanley J.: Crop Art and other earthworks. Harry N. Abrams, Incorporated. New York 1994.

Herzog, H.-M. (Hg.): Blumenstücke-Kunststücke. Edition Stemmle und Kunsthalle Bielefeld. Kilchberg/Zürich und Bielefeld 1996.

Heß, Dieter: Die Blüte. Verlag Eugen Ulmer, 2. Auflage. Stuttgart 1990.

Honour, H., Fleming, J.: Weltgeschichte der Kunst. Prestel-Verlag. München 1983.

Kache, P., Schneider, C.: Einjahrsblumen. Beschreibung, Pflanzung, Pflege und Verwendung der einjährig im Freien zu ziehenden Blütengewächse. Bücher der Gartenschönheit, Band 3. Verlag der Gartenschönheit, 2. Auflage. Berlin 1928.

Kerner von Marilaun, Anton: Pflanzenleben Band 1 und 2. Bibliographisches Institut. Leipzig 1888/1891.

Kosch, A. und Aichele, D.: Was blüht denn da? Ein Führer zum Bestimmen von wildwachsenden Blütenpflanzen Mitteleuropas. Franckh'sche Verlagshandlung, 34. Auflage. Stuttgart 1971.

Le Roux, A., Schelpe, T., Wahl, Z.: Namaqualand. South African Wild Flower Guide 1. Botanical Society of South Africa 1994.

Loewer, Peter: The evening garden. Macmillan Publishing Company. New York 1993.

Lurker, M.: Wörterbuch der Symbolik. Alfred Körner Verlag, 3. Auflage. Stuttgart 1985.

Magel, Mira: Fußangeln in: Beinnahe - Strümpfe, Schuhe, Unterhosen aus vier Jahrhunderten. Münchner Stadtmuseum. München 1990.

Marzell, H.: Volksbotanik. Die Pflanze im Deutschen Brauchtum. Enkehaus, Berlin 1935.

Marzell, H.: Handwörterbuch der deutschen Pflanzennamen. S. Hirzel Verlagsbuchhandlung. Leipzig 1957.

Pflanzen in Wort und Bild. Otto Maier Verlag. Ravensburg 1992.

Pieske, Christa: Das ABC des Luxuspapiers. Herstellung, Verarbeitung und Gebrauch 1860 bis 1930. Museum für Deutsche Volkskunde. Berlin 1983.

Relling, H., Brohmer, P.: Unsere Pflanzen in Sage, Geschichte und Dichtung. Verlag von L. Ehlermann, 6. Auflage. Dresden 1922.

Rätsch, C.: Pflanzen der Liebe. Aphrodisiaka in Mythos, Geschichte und Gegenwart. AT Verlag. Aarau 1995.

Simons, Paul: Pflanzen in Bewegung. Das Muskel- und Nervensystem der Pflanzen. Birkhäuser Verlag. Basel 1994.

Tergit, G.: Kleine Geschichte der Blumen. Kaiserkron' und Päonienrot. Ullstein. Frankfurt, Berlin, Wien 1981.

Teubner Edition: Das große Buch der Gemüse aus aller Welt. Kochschule, Warenkunde, Lexikon. Füssen 1991.

Teubner Edition: Kräuter und Knoblauch. Eine fotografierte Warenkunde aller kulinarisch interessanten Kräuter. Füssen 1993.

Kerner von Marilaun, Anton: Pflanzenleben Band 1. Bibliographisches Institut. Leipzig 1888. (Seite 601 Königin der Nacht)

Kerner von Marilaun, Anton: Pflanzenleben Band 2. Bibliographisches Institut. Leipzig und Wien 1892. (Seiten 150/151 Leimkraut)

Reichenbach, A. B.: Allgemeine Pflanzenkunde. H. Frank'esche Verlags=Expedition. Leipzig 1837. (Tafel 16/19 Amaryllisgewächse und Herbstzeitlose)

Hesdörfer, Max: Handbuch der Zimmergärtnerei. Verlagsbuchhandlung Paul Parey, 4. neubearbeitete Auflage. Berlin 1914. (Seiten 398/399 Hyazinthen)

Fotonachweis

Alle Fotos stammen von den Autoren mit Ausnahme von
Seite 36: Nob Fukuda
Seite 57 oben: Harry Wiljan
Seite 107: Andreas Armin Dorfey
Seite 154: Herrmann & Kraemer
Seite 196: E. Postel/Museum für Islamische Kunst Berlin
Seite 205 oben: Tom Fährmann
Seite 205 unten: Meyerink
Seite 208 re./Seite 209: M. Berger
Seite 211 unten: M. Volkmann
Seite 240: Bart van Leuven (Erstveröffentlichung in: Florale Kunst in Deutschland, Stichting Kunstboek, Brügge 1997)

Abbildungsnachweis

Rümpler, Th. (Hg.): Illustriertes Gartenbau-Lexikon. Verlag von Paul Parey, 2. neubearbeitete Auflage. Berlin 1890. (Seite 300 Kressenvase)

Warnhinweis

In diesem Buch geht es um die Gestaltung mit Pflanzen. Einige der vorgestellten Pflanzen sind mehr oder weniger giftig, hautreizend oder allergieauslösend. Sie können bei Erwachsenen oder Kindern erhebliche gesundheitliche Störungen hervorrufen. Aus diesem Grund sind sie in den Pflanzenlisten (→Seite 220 bis Seite 233) besonders gekennzeichnet. Achten Sie unbedingt darauf, daß weder Kinder noch Haustiere diese Pflanzen essen. Kommt es beim Umgang mit Erde zu offenen Verletzungen, suchen Sie umgehend einen Arzt auf und lassen Sie sich von ihm fachkundig behandeln.

Impressum

Copyright 1998 Verlag der Kunst- und Lustgärtnerei®
Am Blütenanger 40
D-80995 München
Telefon 089/1507517 Fax 089/1504835
Idee, Konzeption, Text und Fotografie
Claudia Wörner und Martin Weimar
Vorwort Professor Dr. Jürke Grau
Buchgestaltung und Illustration Andreas Armin Dorfey
Graphische Umsetzung Rosy Rosen
Mitarbeit in der Layout-Vorentwicklung
Manuel Hein, Oliver Nieder, Matthias Spaetgens
Logo-Entwicklung Gernot Kropf
Korrektur Elke Melzer
Beratung Hans Scherz, Harry Wiljan, Herbert Wörner
Mitarbeit bei den Fotoaufnahmen Charlotte Bernschneider, Sabine Puchner, Anna Scharr, Magda Weidner, Studenten der Kunstakademie Helsinki und weitere Kursteilnehmer
Reproduktion EB Reproduktionen GmbH Erwin Bertossa
St.-Margareten-Weg 3
85375 Neufahrn
Telefon 08165/64399 Fax 08165/691650
Druck Hansa Print Service München
Papier 150 gr Profistar
Bindung Oldenbourg Kirchheim
Vertrieb und Auslieferung für den gesamten Buchhandel
Mediapoint Gaia
Fraunhoferstraße 13
D-80469 München
Telefon 089/26025361 Fax 089/26025360
E-Mail: mail@gaiatext.com
ISBN 3-9805996-0-4

1. Auflage 1998

Die Deutsche Bibliothek - CIP-Einheitsaufnahme

GartenLust & BlumenKunst : das große Buch vom kreativen Gestalten mit Pflanzen / Claudia Wörner und Martin Weimar. - 1. Aufl. - München : Verl. der Kunst- und Lustgärtnerei, 1998
ISBN 3-9805996-0-4

Die Autoren

Claudia Wörner und Martin Weimar

Claudia Wörner, geboren 1960 in Augsburg und Martin Weimar geboren 1959 in Ulm, stammen aus traditionellen Gärtnerfamilien. Gemeinsam ist ihnen nicht nur ihre Herkunft, sondern auch die absolvierte Ausbildung im Bereich der Blumen- und Zierpflanzengärtnerei sowie Floristik. Ein abgeschlossenes Studium an der Fachschule für Blumenkunst in Freising/Weihenstephan schloß sich an. Für Martin Weimar folgten mehrere Studiensemester in der Klasse von Professor Daniel Spoerri an der Kunstakademie München. Auf dem Terrain einer alten Gärtnerei am nördlichen Münchener Stadtrand gründeten sie im Jahr 1988 die Kunst- und Lustgärtnerei. Der Begriff variiert eine gartenbauliche Branchenbezeichnung des 19. Jahrhunderts. Treffend bringt er den Tätigkeitsbereich der beiden auf den Punkt. Dieser umfaßt die Ausstellungsbeteiligung und -ausstattung innerhalb der unterschiedlichsten Kulturressorts, Buchveröffentlichungen und Zeitschriftenbeiträge sowie die Anzucht und den Verkauf von Pflanzenraritäten. Der halbjährlich erscheinende Veranstaltungskalender der Kunst- und Lustgärtnerei, mit seinen Kursen und Vorträgen, gewährt den direkten Einblick in ihre Arbeit.